西南联大写作课

青少版

朱自清 等/著

天地出版社
TIANDI PRESS

图书在版编目（CIP）数据

西南联大写作课：青少版 / 朱自清等著. -- 成都：天地出版社, 2025.5. -- ISBN 978-7-5455-8781-4

Ⅰ. H15-49

中国国家版本馆CIP数据核字第2025M69L17号

XINANLIANDA XIEZUOKE（QINGSHAO BAN）

西南联大写作课（青少版）

出 品 人	杨　政
作　 者	朱自清 等
责任编辑	孙若琦　杨金原
责任校对	张月静
封面设计	刘　洋
内文排版	谢　彬
责任印制	王学锋

出版发行	天地出版社
	（成都市锦江区三色路238号 邮政编码：610023）
	（北京市方庄芳群园3区3号 邮政编码：100078）
网　　址	http://www.tiandiph.com
电子邮箱	tianditg@163.com
经　　销	新华文轩出版传媒股份有限公司
印　　刷	河北鑫玉鸿程印刷有限公司
版　　次	2025年5月第1版
印　　次	2025年5月第1次印刷
开　　本	710mm×1000mm　1/16
印　　张	16.25
字　　数	260千字
定　　价	42.00元
书　　号	ISBN 978-7-5455-8781-4

版权所有◆违者必究

咨询电话：（028）86361282（总编室）
购书热线：（010）67693207（营销中心）

如有印装错误，请与本社联系调换。

编者的话

西南联大只存在了八年时间，却培育了两位诺贝尔奖得主、五位中国国家最高科学技术奖得主、八位"两弹一星"功勋奖章得主、一百七十多位中国科学院院士和中国工程院院士。这是中国教育史上的传奇。传奇的缔造并非偶然，而是源于强大的师资力量和自由的教学风气。

西南联大成立之时，虽然物资短缺，没有教室、宿舍、办公楼，但是有大师云集。闻一多、朱自清、张荫麟、罗庸等大师用他们富足的精神、自由的灵魂、独特的人格魅力以及深厚的学识修养，为富有求知欲、好奇心的莘莘学子奉上了凝聚着自己心血的课程。

闻一多的唐诗课、张荫麟的历史课、朱自清的文学课……无一不在民族危难的关头闪耀着智慧的光芒，照亮了求知学子前行的道路，为文化的继承保存下了一颗颗小小的种子，也为民族的复兴带来了希望。

时代远去，我们无能为力；大师远去，我们却可以把他们留下的精神和文化财富以文字的形式永久留存。这既是大师们留下的宝贵财富，也是我们应该一直继承下去的文化宝藏。

为此，2020年编者特别策划了"西南联大通识课"丛书，从文学、国史、哲学、诗词、文化、古文、国学等七个方面展现西南联大的教育精神和大师风貌，以及中华民族的文化与思想特点。出版之后，"西南联大通识课"丛书受到社会各界读者的好评。还有很多读者认为这套丛书的内容十分适合用来培养青少年的国学修养，可以帮助青少年深入接触、了解和传承中华优秀传统文化。为此，编者特意在"西南联大通识课"丛书的基础上，策划了这套"西南联大通识课（青少版）"丛书，致力于让青少年读者无壁垒接触西南联大通识课程，感受大师们的智慧，感悟传统文化的魅力。

"西南联大通识课（青少版）"丛书精选"西南联大通识课"丛书中更贴合青少年学习的汉语、文化、写作等方面的内容，通过旁批的形式进行注释，所注内容包括但不限于生僻字注音、解释，古汉语解释，文言文翻译，文学常识，文史知识，编者勘误等内容，又增加了"延展阅读"版块，拓展相关阅读，帮助青少年读者将知识融会贯通。

本书讲"写作课"。所选的各篇文章，在内容的侧重和表述方式上有很大的不同，这是各位先生在教学和写作风格上各有千秋的结果。这一点，不仅体现了先生们各自的写作特点，更体现了西南联大学术上的"自由"，以及教学上的"百花齐放"。

在整理文章时，编者依旧秉持既忠实于西南联大课堂，又不拘泥于课堂的原则：有课堂讲义留存的，悉心收录；未留存有在西南联大任教时的讲义，而先生们在某一方面的研究卓有成就的亦予以收录；还有一部分文章是先生们在西南联大教授过的课程相关内容，但内容不一定为在西南联大期间所写。在此基础上，本书选取文章时还充分考虑青少年读者的知识储备、阅读的广度和难度，以及学校课程的安排等多方面因素，力求通过这些作品让青少年了解传统文化，提升国学素养。

按照上述选篇原则，编者选择了朱自清、李广田、陈铨等三位先生的十八篇作品，以他们现存作品中较为完整的全集类作品或较为权威的单本作品作为底本。这些底本不但能保证本书的权威性，也能将先生们的作品风貌原汁原味地呈现出来。

因时代不同，有些提法或者观点虽然现今多已不再使用，编者还是予以保留；同时，每个人的写作习惯以及每篇文章的体例、格式等亦有不同，为保证内容的可读性、连续性以及文字使用的规范性，编者在尊重并保持原著风格与面貌的基础上，进行了仔细编校，纠正讹误，统一体例，

编者的话

仅保留少数异体字。具体如下：

1. 原文中作者自注均统一为随文注，以小字号进行区分；旁批均为编者所加注释。

2. 因篇幅限制，部分文章只能节选，对这些节选的内容，编者皆在标题后加"（节选）"予以说明。

3. 文中数字，皆在遵守数字用法规范的前提下，兼顾了局部体例的统一。

4. 为保证旁批内容的准确性，编者参考了许多权威工具书，如《辞海》《辞源》《中国古今地名大词典》等，书中不再一一列出。

5. 文中表示时间的数字皆改为阿拉伯数字。为保持全书体例一致，编者对书中表示公元纪年的方法也进行了统一处理。正文皆保持原貌。随文注中，表示时间段的，统一以"前×××—前×××"或"×××—×××"表示；表示时间点的，则统一以"公元前×××年"或"公元×××年"表示。旁批和"延展阅读"版块中，表示时间段的，统一以"前×××—前×××"或"×××—×××"表示；表示时间点且用于对照中国历史纪年的，统一以"前×××"或"×××"表示；单独表示时间点的，则统一以"前×××年"或"×××年"表示。

6. 因时代语言习惯不同造成的差异，编者对正文中除姓名、引文外的文字做了统一，如"惟""彷彿""想像""贯串""雰围""那末""原故""什末""玩艺儿""好象""高张""答覆"等词皆改为现今通用的"唯""仿佛""想象""贯穿""氛围""那么""缘故""什么""玩意儿""好像""高涨""答复"等词。另外，编者按现今语法规范，修订了"的""地""得"，"做""作"，"牠""他""它"，"到""倒"，"决""绝"，以及"那""哪"的用法。旧时所用异体字则绝大部分改为规范字。

7. 为提高青少年读者的阅读体验，编者根据2012年开始实施的《标点符号用法》，对部分原文标点符号略作改动，以统一体例，如"《背影》、《儿女》",改为"《背影》《儿女》";部分原文使用双引号表示书名号,对此也根据《标点符号用法》进行统一修改,如"纯诗""论纯诗""Modern Prose Style",改为《纯诗》《论纯诗》,*Modern Prose Style*。

  8. 对原文中涉及的大量译名,统一以旁批形式加以注释。

  9. 为方便青少年读者了解相关作品,编者在"延展阅读"版块中收录了不同类型的作品,并对以文言为主的作品统一加上了译文,以便于青少年读者阅读。

  希望本书有助于青少年读者领略几位先生在专业领域的学术风采,提升写作技巧;同时,更希望本书能够唤起青少年读者对西南联大的兴趣,更多地去了解这所在民族危亡之际仍坚守教育、传播中华优秀传统文化的大学,让中华优秀传统文化代代相传、生生不息。由于编者能力有限,书中难免有疏漏和错讹,欢迎并感谢读者们批评指正。

目录

第一课　什么是创作

创作是怎么一回事
主讲人　李广田 ································003

思想与创作的关系
主讲人　李广田 ································014

论情调（节选）
主讲人　李广田 ································021

第二课　论散文

谈散文
主讲人　李广田 ································029

论现代散文风格（Bonamy Dobrée）
主讲人　李广田 ································038

写作杂谈
主讲人　朱自清 ································049

鲁迅的杂文
主讲人　李广田 ································059

第三课　论诗歌

诗的语言
主讲人　朱自清 ·· 069

诗与感觉
主讲人　朱自清 ·· 080

诗　韵
主讲人　朱自清 ·· 092

第四课　论小说

一论创作过程：爱仑·坡的《李奇亚》
主讲人　李广田 ·· 105

二论创作过程：果戈里的《外套》
主讲人　李广田 ·· 121

三论创作过程：纪德的《浪子回家》
主讲人　李广田 ·· 146

四论创作过程：一个结论
主讲人　李广田 ·· 168

第五课　论戏剧

谈深浅
主讲人　陈　铨 ·· 183

明结构
主讲人　陈　铨 ·· 204

选人物
主讲人　陈　铨 ·· 215

炼语言
主讲人　陈　铨 ·· 228

第一课
什么是创作

创作是怎么一回事

主讲人 李广田

我想用上帝的创造天地作为比喻,来说明创作是怎么一回事。因为,假如我们相信上帝的话,上帝实在是一个伟大的创作者,是一个大诗人。《创世纪》第一章说:

> 起初上帝创造天地。地是空虚混沌,渊面黑暗,上帝的灵运行在水上。上帝说,要有光,就有了光。上帝看光是好的,就把光暗分开了,上帝称光为昼,称暗为夜,有晚上,有早晨,这是头一日。

就这样子,于是日月丽于空,江河行于地,鸢飞戾天,鱼跃于渊,草木昆虫,各从其类……是之谓"大块文章",这乃是上帝的作品。

一个诗人,作家,当他创造作品的时候,也是如此。作者在实际人生中行动,所见者不过是"空虚混沌,渊面黑暗",一些杂乱无章的现象,一些破碎的生活经验,经过了创造的过程,到了最后,就是一个"完整的世界"。就这个"完整的世界"本身说,它是一切俱足,无事旁求的,它既不能再有所加,也不能再有所减,即令只是一首短诗,一支小曲,也都是如此完整的,至于百万言的长篇巨

◆《创世纪》:即《创世记》。犹太教、基督教《圣经》的第一卷。大约在公元前5世纪定型。

◆戾:到达。

◆"即令……整的":关于这一点,李广田在《文学论》中举了许多例子,如唐代诗人柳宗元的《江雪》仅用二十个字,就营造了一个完整的世界;法国诗人瓦莱里的诗歌《年轻的命运女神》中,仅仅"全宇宙在我的枝头颤动飘摇"一句,就呈现出一个完整的意境;唐代诗人杜甫的《绝句》("两个黄鹂鸣翠柳"篇)虽是公认的好诗,但前两句和后两句缺乏有机的关联,无法形成一个不可分的整体。

制，就更是如此，这可以说是一切好作品的必具的条件。

文学创作的目的是造成一个"完整的世界"。但这个世界到底是怎样造成呢？首先，我们应该知道，这个世界并不是用文字造成的，因为文字不过是一些符号。在未用笔写下文字以前，这个完整的天地乃是用种种生活经验造成的，而这些经验是作者在实际生活中获得的。这些经验往往是杂乱的，繁复的，破碎的，等到作者创造的时候，经过了作者思想的调理与感情的涵孕，它们就成了一体，成了一个完整的世界。所以墨雷（J.M.Murry）曾在《纯诗》中说："我曾竭力主张，诗歌不是像有一些人所主张的一样，只是情绪的传达，或只是思想的传达。诗歌乃是一种整个经验的传达。"艾略特（T.S.Eliot）在《传统与个人的才能》中也说："诗是许多经验的集中，集中后所发生的新东西。而这些经验在实际的一般人看来就不会是什么经验……"这些最后集中起来的经验，不但是种种样样，不但是错综复杂，有时甚至是可以互相矛盾的，就像雷达（Herbert Read）在《论纯诗》中所说的："诗的真正不可思议之处，是在许多互相矛盾的东西皆集合起来，把它组成。"复杂的，甚至矛盾的经验，终于会在创造中集成一个宇宙，作者就必须先觉识这个宇宙。梵乐希（Paul Valéry）在《论诗》中说："所谓一个宇宙的觉识者，就是说，诗境是由于一个新世界焕然地觉醒而发生的。"对于一个新世界的焕然地觉醒，这就是创造的最重要的

◆墨雷：今译作默里。英国评论家。他的《纯诗》一文19世纪30年代由中国翻译家曹葆华翻译，后收入《现代诗论》中，由上海商务印书馆于1937年出版。

◆艾略特（1888—1965）：英国诗人、文学评论家、剧作家。曾获诺贝尔文学奖，创作的长诗《荒原》被誉为西方现代主义诗歌的代表作。

◆《传统与个人的才能》：即《传统与个人才能》，艾略特早期影响较大的文学评论文章。

◆雷达：今译作里德。英国诗人、评论家。

◆梵乐希：今译作瓦莱里（1871—1945）。法国诗人。诗作有《年轻的命运女神》《海滨墓园》等，并有《杂文集》5卷。他的《论诗》由曹葆华翻译，后收入《现代诗论》中。

一顷刻，这就是"上帝说要有光，就有了光"的那一顷刻，这一顷刻中闪在作者慧眼中的是一个光灿灿的新世界，这个新世界的母亲就是作者自己。

我们说这个完整的新世界是由经验集中而形成的，但是，经验为什么会集中呢？经验凭了什么而集中呢？这可能有种种不同的回答。在<u>心理分析学派</u>的学者如Sigmund Freud看来，就以为是潜意识作用，也就是说创作和做梦相似。近代的大批评家<u>瑞恰慈</u>（I.A.Richards）又以为那集合了种种经验的是作者头脑中有一种磁石的作用。T.S.艾略特则又以为是一种仿佛<u>白金</u>丝的作用。他说：

> 我所用的比喻，是化学上的接触作用。当<u>养气</u>和二养化硫两种气体混合在一起，加上一条白金丝的时候，它们就化成硫酸。这个化合作用只有在加上白金丝的时候才会发生。……诗人的心灵就是一条白金丝，它可以部分地或整个地在诗人本身的经验上起作用。……

然而这所谓磁石，所谓白金丝，到底是什么呢？不是别的，那就是想象力。因此，曾有人给创作下一个定义，说：

> 创造的定义可以说是：根据已有的意象做材料，把它们加以剪裁综合，成一种新形式。创造的想像就是这种综合作用所必须的心灵活动。

想象把经验集合而溶化之，终于造成一个新世界，当这一个完整的新世界"焕然地觉醒"的时候，像梵乐希所说，那就是所谓"灵感"之一闪。而想

第一课　什么是创作

◆心理分析学派：也称"精神分析学派"，西方心理学流派之一。由奥地利心理学家、精神病医师弗洛伊德创立于19世纪末，以非理性的反意识的心理因素解释个性的发展和结构，并在此基础上提出相应的心理治疗技术。主要的治疗方法有梦的分析、自由联想等。

◆Sigmund Freud：即西格蒙得·弗洛伊德（1856—1939），著有《梦的解析》等。

◆瑞恰慈（1893—1979）：英国文学评论家、美学家。曾在清华大学任教。著有文学批评论著《文学批评原理》，诗歌与戏剧合集《内心对话》等。

◆白金：即"铂"，一种银白色金属。

◆养气：今译作氧气，下文中的"二养化硫"今译作二氧化硫。铂在两种气体的化学反应中起催化剂的作用。

象力最好的人，也就是灵感最富的人，也就是所谓"天才"。"天才"与"灵感"并不是什么神秘的东西。任何大作家也不能只凭了天才与灵感就可以创作，假如他生活贫乏而思想浅陋的话。何况，天才与灵感又是可以由努力与涵养而成，或是可以由努力与涵养而增进的，也就是说，想象力有先天的优越与低下之分，然努力与涵养也可以补先天之不足。

在种种修养之中，最重要的当然是多体验生活，多思索，多读与多写。但只有这些工夫还不够，还须有一种更重要的工夫，就是忍耐。作者在种种生活中取得经验，像柏林斯基（V.G.Belinsky）所说的，把这经验"焦灼而难堪的怀在自己感情的神秘圣堂中，有似母亲将她的幼子怀在自己的子宫里一样"。一个作者也正该如此，他不能躁急，他必须忍耐，等待那个婴儿的成长。大诗人里尔克（R.M.Rilke）在《给青年诗人的十封信》中也曾说：

> 不能算计时间，年月都无效，就是十年有时也等于虚无。艺术家是不算，不数；像树木似地成熟，不勉强挤它的汁液，勇敢地立在春日的暴风中，也不怕后边没有夏天来到。夏天终归是会来的。但它只向着忍耐的人们走来；他们在这里，好像"永恒"总在他们面前，寂静，广大。我天天学习，在我所感谢的痛苦之下学习："忍耐"是一切！

为什么有些作者创造不出一个"完整的世界"，而只写出了八股、公式、宣言、传单或劝世文呢？一方面，因为他们的创作往往只由观念出发，而不从

◆柏林斯基：今译作别林斯基（1811—1848）。俄国革命民主主义者、文艺评论家、哲学家。写有长篇论文《论俄国中篇小说和果戈理君的中篇小说》和书信《给果戈理的信》等。

◆里尔克（1875—1926）：奥地利象征主义诗人。曾漫游欧洲许多国家，代表作有诗集《图像集》《祈祷书》等。他的诗作对20世纪西方现代诗歌有很大影响。

◆《给青年诗人的十封信》：里尔克三十岁左右写给一位青年诗人的信。

形象开始，强拉形象，硬制形象，终于不是一个血肉与灵魂一致的完整形象，而最不可恕的，还是他们不能忍耐，他们心急，他们生摘瓜，他们用人工过早地催生，他们是拿起笔来工作，而不是用生命创作，不是在提笔以前已经把新天地建立完成。柏林斯基在《论果戈里的小说》一文中，对于果戈里推崇备至。他把创作与工作视为判然二事，他说果戈里的好处在于真正是创作，而非工作。他以为创作的情形是这样的：

> 当艺术家的创作对于一切人还只是一个秘密，当他自己还没有拿起笔杆的时候，他已经很清楚地看见他们（他们，指作品中的人物），已经可以数清他们衣服上的褶皱，数清他们前额上表示出热情与痛苦的纹路了。他之认识他们，比你对于自己的父亲、兄弟、朋友，对于自己的母亲、姊妹或者爱人，认识得更好。而且他还知道他们将怎样说话与行动，看到整个事件的线索，这线索是将他们相互间维系起来的。……因此，他们所创造的人物是那么真实，那么平常，又那么持久；因此，他那小说或戏剧的结构，结局，情节与经过是那么自然，逼真与自由；因此，当你读到他的创作时，就仿佛置身于一个美丽而和谐的世界中，好像神的世界一样；更因此，你能那样好的领会它，那样深刻地了解它，而且在自己的记忆中能那样坚固地保持着它。这里没有矛盾，没有虚伪与造作，因为这里并不曾计算到真实

◆形象：作家在文学作品中创造的具体生动的艺术符号载体，它负载着一定的思想情感内容，富有极强的艺术感染力。常见的形象类型有人物、环境、场面等。此外，形象有广义和狭义之分，广义的形象包括文学作品中整个形象体系，狭义的形象仅指人物形象。

◆《论果戈里的小说》：即《论俄国中篇小说和果戈理君的中篇小说》。

◆果戈里：今译作果戈理（1809—1852）。俄国作家。著有短篇小说《外套》，长篇小说《死魂灵》，喜剧《钦差大臣》。作品多讽刺黑暗专制的社会现实，对俄国现实主义文学的发展影响很大。鲁迅称其为"俄国写实派的开山祖师"。

性，并没有思考，没有多方面的顾虑；因为这作品并不是做作的，不是造成的，而是在艺术家的精神中，像受了某种最高的神秘的感动而创造出来的，这力量存在于他自身之中，同时又存在于外界；因为在这种关系上说来，他本人像是一块土壤，承受着某一支不可知之手所撒播下来的丰美的种子，于是就发芽滋长，直到成一棵多枝多叶的大树。……所以，无论是何种作品，理想的也好，写实的也好，它总是真实的。

由此，我们也可以知道，纯粹写实的既难成为很好的作品，纯粹理想的也不大可能。一切艺术都生根于实际生活，就连那最高的理想也是，在这一点上说，一切艺术都是写实的；然而无论什么材料都必须经过作者生命之镕铸而成为一种全新的东西，在这一点上说，一切艺术也都是理想的。而那最好的作品，就是那既把握了现实生活而写作，却又超越了现实生活而导出一种理想生活的作品，在这种作品中，作者也仍须以其正确的思想为基础。但无论如何，作者总要在现实生活中行动，由于经验的集中，由于作者的忍耐，而最后终须创造"一个美而和谐的世界"，这世界"好像神的世界一样"。❶

---

❶ 作家老舍曾在《我怎样写〈骆驼祥子〉》一文中写道，《骆驼祥子》是"一本最使我自己满意的作品"，原因之一就是"故事在我心中酝酿得相当的长久，收集的材料也相当的多，所以一落笔便准确""思索的时候长，笔尖上便能滴出血与泪来"。详见课后延展阅读：《骆驼祥子》。

第一课　什么是创作

这样的，就是文学的创造。这样的，就当得起"创造"之名，像上帝凭了"空虚混沌，渊面黑暗"而创造了光华灿烂的天地一样。

（选自《创作论》）

延展阅读

骆驼祥子

节选自老舍《骆驼祥子》

一

我们所要介绍的是祥子，不是骆驼，因为"骆驼"只是个外号；那么，我们就先说祥子，随手儿把骆驼与祥子那点儿关系说过去，也就算了。

北平的洋车夫有许多派：年轻力壮，腿脚灵利的，讲究赁漂亮的车，拉"整天儿"，爱什么时候出车与收车都有自由；拉出车来，在固定的"车口"或宅门一放，专等坐快车的主儿；弄好了，也许一下子弄个一块两块的；碰巧了，也许白耗一天，连"车份儿"也没着落，但也不在乎。这一派哥儿们的希望大概有两个：或是拉包车；或是自己买上辆车，有了自己的车，再去拉包月或散座就没大关系了，反正车是自己的。

比这一派岁数稍大的，或因身体的关系而跑得稍差点儿劲的，或因家庭的关系而不敢白耗一天的，大概就多数的拉八成新的车；人与车都有相当的漂亮，所以在要价儿的时候也还能保持住相当的尊严。这派的车夫，也许拉"整天儿"，也许拉"半天儿"。在后者的情形下，因为还有相当的精气神，所以无论冬天夏天总是"拉晚儿"。夜间，当然比白天需要更多的留神与本事；钱自然也多挣一些。

年纪在四十以上，二十以下的，恐怕就不易在前两派里有个地位了。他们的车破，又不敢"拉晚儿"，所以只能早早地出车，希望能从清晨转到午后三四点钟，拉出"车份儿"和自己的嚼谷。他们的车破，跑得慢，所以得多走路，少要钱。到瓜市，果市，菜市，去拉货物，都是他们；钱少，可是无须快跑呢。

在这里，二十岁以下的——有的从十一二岁就干这行儿——很少能到二十岁以后改变成漂亮的车夫的，因为在幼年受了伤，很难健壮起来。他们也许拉一辈子洋车，而一辈子连拉车也没出过风头。那四十以上的人，有的是已拉了十年八年的车，筋肉的衰损使他们甘居人后，他们渐渐知道早晚是一个跟头会死在马路上。他们的拉车姿势，讲价时的随机应变，走路的抄近绕远，都足以使他们想起过去的光荣，而用鼻翅儿扇着那些后起之辈。可是这点儿光荣丝毫不能减少将来的黑暗，他们自己也因此在擦着汗的时节常常微叹。不过，以他们比较另一些四十上下岁的车夫，他们还似乎没有苦到了家。这一些是以前绝没想到自己能与洋车发生关系，而到了生和死的界限已经不甚分明，才抄起车把来的。被撤差的巡警或校役，把本钱吃光的小贩，或是失业的工匠，到了卖无可卖，当无可当的时候，咬着牙，含着泪，上了这条到死亡之路。这些人，生命最鲜壮的时期已经卖掉，现在再把窝窝头变成的血汗滴在马路上。没有力气，没有经验，没有朋友，就是在同行的当中也得不到好气儿。他们拉最破的车,皮带不定一天泄多少次气;一边拉着人还得一边央求人家原谅,虽然十五个大铜子儿已经算是甜买卖。

此外,因环境与知识的特异,又使一部分车夫另成派别。生于西苑海甸的自然以走西山,燕京,清华,较比方便;同样,在安定门外的走清河,北苑;在永定门外的走南苑……这是跑长趟的,不愿拉零座;因为拉一趟便是一趟,不屑于三五个铜子的穷凑了。可是他们还不如东交民巷的车夫的气儿长,这些专拉洋买卖的讲究一气儿由东交民巷拉到玉泉山,颐和园或西山。气儿长也还算小事,一般车夫万不能争这项生意的原因,大半还是因为这些吃洋饭的有点儿与众不同的知识,他们会说外国话。英国兵,法国兵,所说的万寿山,雍和宫,"八大胡同",他们都晓得。他们自己有一套外国话,不传授给别人。他们的跑法也特别,四六步儿不快不慢,低着头,目不旁视的,贴着马路边儿走,带出与世无争,而自有专长的神气。因为拉着洋人,他们可以不穿号坎,而一律的是长袖小白褂,白的或黑的裤子,裤筒特别肥,脚腕上系着细带;脚上是宽双脸千层底青布鞋;干净,利落,神气。一见这样的服装,别的车夫不会再过来争座与赛车,他们似乎是属于另一行业的。

有了这点简单的分析,我们再说祥子的地位,就像说——我们希望———盘机器上的某种钉子那么准确了。祥子,在与"骆驼"这个外号发生关系以前,是个较比有自由的洋车夫,这就是说,他是属于年轻力壮,而且自己有车的那一类:自己的车,自己的生活,都在自己手里,高等车夫。

这可绝不是件容易的事。一年,两年,至少有三四年;一滴汗,两滴汗,不知道多少万滴汗,才挣出那辆车。从风里雨里的咬牙,从饭里茶里的自苦,才赚出那辆车,那辆车是他的一切挣扎与困苦的总结果与报酬，像身经百战的武士的一颗徽章。在他赁人家的车的时候，他从早到晚，由东到西，由南到北，像被人家抽着转的陀螺；他没有自己。可是在这种旋转之中，他的眼并没有花，心并没有乱，他老想着远远的一辆车，可以使他自由，独立，像自己的手脚的那么一辆车。有了自己的车，他可以不再受拴车的人们的气，也无须敷衍别人，有自己的力气与洋车，睁开眼就可以有饭吃。

他不怕吃苦，也没有一般洋车夫的可以原谅而不便效法的恶习，他的聪明和努力都足以使他的志愿成为事实。假若他的环境好一些，或多受着点教育，他一定不会落在"胶皮团"里，而且无论是干什么，他总不会辜负了他的机会。不幸，他必须拉洋车；好，在这个营生里他也证明出他的能力与聪明。他仿佛就是在地狱里也能做个好鬼似的。生长在乡间，失去了父母与几亩薄田，十八岁的时候便跑到城里来。带着乡间小伙子的足壮与诚实，凡是以卖力气就能吃饭的事他几乎全做过了。可是，不久他就看出来，拉车是件更容易挣钱的事；做别的苦工，收入是有限的；拉车多着一些变化与机会，不知道在什么时候与地点就会遇到一些多于所希望的报酬。自然，他也晓得这样的机遇不完全出于偶然，而必须人与车都得漂亮精神，有货可卖才能遇到识货的人。想了一想，他相信自己有那个资格：他有力气，年纪正轻；所差的是他还没有跑过，与不敢一上手就拉漂亮的车。但这不是不能胜过的困难，有他的身体与力气做基础，他只要试验个十天半月的，就一定能跑得有个样子，然后去赁辆新车，说不定很快地就能拉上包车，然后省吃俭用一年两年，即使是三四年，他必能自己打上一辆车，顶漂亮的车！看着自己的青年的肌肉，他以为这只是时间的问题，这是必能达到的一个志愿与目的，绝不是梦想！

骆驼祥子

主讲人 李广田

思想与创作的关系

整个的人类生活都是文学的材料，也就是说，文学的世界与人类生活同其广大而丰富。文学作品中当然要以人为本位，然而人也不能单独存在，所以人与人，人与物以及一切事物的存在关系，都可以作为写作的对象。以时间而论，一个作者应该把握住现在，但也不妨回顾过去，或在过去事物中吹入一种新的生命，而最要紧的还是要把现在推向将来，那最好的作品是要叫人向往着最好的将来的。总之，世界是广大的，现象是复杂的，在这广大而复杂的世界中，作者将如何摄取材料，摄取了材料将如何表现，这是我们所要解答的问题。

当然地，每一个作家都应当使自己觉识一个广大的世界，然后才能写出最宽阔，最深刻，最富有生活意义的作品。然而各人都有各人的限制：知识与经验的限制是其一，能力的限制又是其一，而二者也许是互为影响的。譬如有人只能让自己生活在一个极其狭小的世界里，于是他的写作范围就是一草一木，一虫一鱼，自己在刹那间的一点感觉，一点模糊的幻想，或自己小小的哀愁喜乐，与身边的琐琐私事。所以，作家的取材，首先是为他的生

◆ "譬如……私事"：中国古代女性受限于封建礼教，大多生活在极小的天地里，但她们从自身、从身边取材，依然创作了很多优秀作品。如湖南江永县、道县一带的瑶族妇女，她们用自创的"女书"（一种用以书写当地的汉语方言的音节文字），写了很多表达妇女苦难、情感的歌谣。

第一课　什么是创作

活所决定的。**但是在同样的情形之下，不同的作家虽然取了相同的材料，等作家把材料制成作品的时候，那作品却依然是以不同的面目而出现的。**因为作者的人格不同，因为一切材料既由作者的实际生活来决定其选择去取，又由于在作者的特殊人格中染上了不同的调子的缘故。所以有人说文学创作正如蜜蜂酿蜜，蜜蜂所采的是花的甜汁，但当它造蜜的时候却必须注入自己的一种分泌物，这种分泌物就是所谓蚁酸。创作者个人的人格或情调，也就是一种蚁酸之类的东西。

◆ "但是……现的"：朱自清与友人俞平伯（现代散文家）同游秦淮河，回来后二人以"桨声灯影里的秦淮河"为题各自创作了一篇散文，风格不同，但各有千秋。

然而这种所谓人格或情调，却是一种颇为含糊，颇为不易说明的东西，而且在这些之上，还有那作为更根本的东西，那就是作者的思想，也就是作者的人生观，世界观。不同的作家对于同一事件也会有不同的看法，于是也就有不同的写法。❶譬如同样是一个民主运动，有人会为了这运动而献身，而牺牲一切，甚至牺牲了自己的生命，但同时也就有人认为这是叛逆，这是作乱，应当剿平而诛灭之。这表现在作品中当然也就成为两种绝不相同的作品。不但对于人事，对于社会现象有如此不同的看法，即对于自然现象亦然。譬如"落花"一个自然现象，就可以举出以下种种不同的表现：

　　<u>一片花飞减却春，风飘万点正愁人。</u>（杜甫）

◆ "一片……愁人"：出自杜甫《曲江二首》之一。

---

❶ 说到"水陆草木之花"，世人各有所爱，有人爱富贵的牡丹，有人爱隐逸的菊花，而北宋文学家周敦颐不同流俗，独爱"出淤泥而不染，濯清涟而不妖"的莲。详见课后延展阅读：《爱莲说》。

> 泪眼问花花不语，乱红飞过秋千去。（欧阳修）
>
> 花落春仍在。（俞樾）
>
> 临断岸新绿生时，是落红带愁流处。（史邦卿）

而纪德（A.Gide）在《新的粮食》中却又说：

> 明日的喜悦惟有待今日的喜悦让位了才可以获得，每一个波浪的曲线美全系于前一个波浪的引退，每一朵花该为果子而凋谢，果子若不落地，不死，就不能准备新花，是以春天也依仗冬天的丧忌。

同样是自然现象，为什么会有这么多不同的看法呢？因为思想不同，认识互异的缘故。

作者既是一个在连续的历史上，在相关的人群中生存着的人，他对于人生世事就不能不有一种看法，不能不有一种认识，这种认识是贯穿着他的全作品，主宰着他的全作品，就连那取材的角度也是由作者的认识所决定，虽然作者自己有时也是并不意识的。因此我们可以说，任何作品都是以作者的思想为基础的，于是在任何作品中，我们也就可以看出那作者的思想。

作品中之所以有思想内容，是因为作者自己有思想。思想有好有坏，所以作品也有优有劣，作者要作出好的作品，当然非有好的思想不可。这就正如罗斯金（John Ruskin）所说的："少女能够就她所失去了的爱情而歌唱，而守财奴却不能就他失去了的金钱而歌唱。"这是因为什么呢？因为比较起

◆ "泪眼……千去"：出自欧阳修《蝶恋花·庭院深深深几许》。

◆ "花落春仍在"：出自清学者俞樾（yuè）三十岁入京参加考试时的应试诗，俞樾以首句"花落春仍在"受到主考官曾国藩的赏识，名列第一。

◆ "临断……流处"：出自南宋词人史达祖（字邦卿）的《绮罗香·咏春雨》。

◆ 纪德（1869—1951）：法国作家。曾获诺贝尔文学奖。著有小说《田园交响乐》《窄门》，散文诗集《地粮》《新的粮食》等。

◆ 罗斯金：英国政论家、艺术评论家、画家。

来，前者的思想是好的，后者的思想是坏的。若是就作者时代的需要来说，一个作者的思想之或好或坏，尤其容易指明。所以蒲列哈诺夫在他的《艺术与社会生活》中说：

> 没有思想的内容，艺术是不能存在的。但倘若艺术家看不见那时代的最重要的社会潮流，那么，由他在那作品中所表现出来的思想的性质，在那内容的价值上，就显著的低下了。而且因此，那作品也必定蒙害了。

一般的作品且不必论，就以托尔斯泰的《复活》为例，这自然算是伟大的作品了，然而卢那卡尔斯基在他的《文学与批评》中却说：

> 对于丝毫也没有改良人类的基督和福音书，以及最初的使徒们，托尔斯泰为什么崇奉到这样的地步呢？这只好说是古怪。到现在为止，大约已经过了两千年的岁月，然而人类到底怎样呢？借了托尔斯泰自己的话说起来，则依然犯罪，不逊，沉湎于一切罪恶之中。所以纵然托尔斯泰再来宣说他的教义两千年，我们还能期待什么大事件？比托尔斯泰相信基督的那种力量还要更强的东西尚且不可能的事，怎么能用别的力量做到地上的改造呢！

这就是说，以艺术家的思想而论，托尔斯泰的思想是那不合时宜的，空虚的思想。因此，作为世界杰作的小说《复活》，也就难免受到进步的批评家的责备。

作者要有好思想，然后才可以产生好作品。当

◆ 蒲列哈诺夫：今译作普列汉诺夫（1856—1918）。俄国思想家、政治活动家、马克思主义美学的重要代表人物。

◆ 托尔斯泰（1828—1910）：全名列夫·尼古拉耶维奇·托尔斯泰，俄国批判现实主义作家。著有长篇小说《战争与和平》《安娜·卡列尼娜》《复活》等。

◆《复活》：托尔斯泰晚年的代表作之一。它描写的是贵族聂赫留朵夫在法庭陪审时，发现被诬告杀人者是自己早年抛弃的姑娘，良心受谴，为她奔走申冤，上诉失败后陪她流放，最终实现精神"复活"。这部小说通过对社会阴暗面的描写，对资本主义制度进行了批判，但是作品后面逐渐陷入不以暴力反抗而是以自我修身来实现精神"复活"的说教中。

◆ 卢那卡尔斯基：今译作卢那察尔斯基（1875—1933）。苏联国民教育活动家、文艺理论家。

◆恩格斯：无产阶级革命导师，马克思主义创始人之一。与马克思一起创建了马克思主义文艺理论，主张文学是倾向性和真实性的统一，即作品不可能没有倾向性，但倾向性应该是自然流露而不是生硬的宣传说教。

◆哈克纳斯：英国女作家。其作品多关注社会问题，描述工人阶级的现实生活。

◆敏纳·考茨基：德国女作家，德国社会民主党和第二国际领导人卡尔·考茨基的母亲。与哈克纳斯同为社会主义作家。

◆茅盾（1896—1981）：中国作家、社会活动家。原名沈德鸿，字雁冰。著有短篇小说《林家铺子》，长篇小说《子夜》等。去世后，中国作家协会依其遗愿，以生前捐款为基金，创设了茅盾文学奖，是中国当代文学具有至高荣誉的文学奖项之一。1982年，首届茅盾文学奖评选和授奖活动举办。之后每三年举行一次，后来改为四年一次。

这种思想被读者接受的时候，这作品就发生了宣传思想的效果。然而文学终是文学，诗终是诗，而不是宣传。那么区别在什么地方呢？恩格斯在给哈克纳斯女士的信里曾说：

> 我绝不责备你，怪你没有写一部纯粹社会主义的小说，像我们德国人所谓"倾向小说"那样作者歌颂自己社会的及政治的思想。我完全不这么想。在艺术作品中，作者的思想，愈是不露锋芒愈好。我所认为的现实主义，是不管作者的观点怎样，而始终是要表现出来的。

而他在给敏纳·考茨基的信里说得更具体，他说：

> 我以为倾向不可明指，而必须从状态与行动中流露出来。

这就是说，思想要在具体表现中见出，而不应当明说，或用以教训。作者诚然应当把握那最好的思想，他不应当不意识，而是应当清楚地意识他的思想，但他的创作却是由生活出发，他在实际生活中，在种种经验中，他接触了千千万万的形象，这些形象譬如一些种子，这些种子在作者的生命中结合，融化，终至于萌芽，生长，而又形成一个新的，完整的艺术形象，到了他不得不表现的时候就表现了出来，这就是艺术作品的产生，而不是宣传或说教的开始。当然，这艺术作品也还是以那作者的思想为血脉的，正如恩格斯所说："不管作者的观点如何，而始终是要表现出来的。"

茅盾先生在一篇题作《公式化的克服》的小文中曾经讲过一个故事，他说：

第一课　什么是创作

　　有一个老笑话，秀才作文，苦思不能落笔，秀才太太在旁叹曰："你做文章和我们女人生孩子一样的难！"秀才苦着脸回答道："哪里的话，比你们生孩子要难得多呢！你们是肚子里已经有了的，我们是肚子里没有的！"

　　这笑话是挖苦"肚子里没有"的秀才，我们却要纠正它：单是肚子里有了还不成，须待十月满足，即"成熟"了，方不难产，而且产下来的，才是健全白胖的婴孩。

这所谓"肚子里没有"，是说作者没有思想，或没有可以表现思想的形象，自然是不能产生的，有了而尚未成熟也还是难产，产出来也不健康。至于抱了人家的孩子来当作自己的，以人家的思想作为自己的思想，或为了宣传思想而去硬找形象，去强治半死不活的形象，也同样不中用。一个作者，他应当在实际行动中收获，在自己生命的土壤中培养，不要"揠苗助长"，直到成熟了，不但瓜熟自落，而且落下来还是甜的。在这里，文学之于道德，之于政治等问题，也就同样得到了解决，因为，道德或政治都是思想问题。文学与道德、政治当然有关系，问题也只在于：要区别好的道德思想与坏的道德思想，要区别好的政治思想与坏的政治思想；而且要看，作者在其创作的过程中，是在宣传说教呢，还是作有生命的形象表现？

（选自《创作论》）

延展阅读

爱莲说
[北宋]周敦颐

【原文】

水陆草木之花,可爱者甚蕃。晋陶渊明独爱菊。自李唐来,世人甚爱牡丹。予独爱莲之出淤泥而不染,濯清涟而不妖,中通外直,不蔓不枝,香远益清,亭亭净植,可远观而不可亵玩焉。

予谓菊,花之隐逸者也;牡丹,花之富贵者也;莲,花之君子者也。噫!菊之爱,陶后鲜有闻。莲之爱,同予者何人?牡丹之爱,宜乎众矣。

【译文】

水上、陆地上各种草本木本的花,值得喜爱的非常多。晋代的陶渊明只喜爱菊花。自唐朝以来,世人十分喜爱牡丹。而我唯独喜爱莲花从淤泥中长出却不被污染,经过清水洗涤却不显得妖艳。它的茎内空外直,不生枝蔓,不长枝节,香气远播,更加显得清芬,笔直洁净地立在水中,人们只能远远地观赏而不能靠近赏玩它。

我认为菊花,是花中的隐士;牡丹,是花中的富贵者;莲花,是花中品德高尚的君子。唉!对于菊花的喜爱,陶渊明以后就很少听到了。对于莲花的喜爱,像我一样的还有什么人呢?对于牡丹的喜爱,应当人很多了!

论情调
（节选）

主讲人 李广田

要清楚而具体地说明情调，似乎还颇不容易。假如把和情调相近的名字举出来，也许还可以比较容易说明些，那就是一篇作品中的滋味、氛围以及风格等等。离开作品，我们拿其他事物来说明，也许尤其容易了解。譬如举行婚礼的礼堂，无论我们原来的心情如何，但当我们一走入那礼堂时，便为那礼堂的空气所笼罩，我们立时会感到喜悦；又如一个举行追悼会的场所，我们也就立刻感到悲哀，且不管那死者与我们有无关系；这喜悦与悲哀，都是一种情调，同样的，当我们一接触到一件充满了情调的作品时，也是如此，而当我们读或看一出喜剧或悲剧时，就尤其清楚。有些作品不能捉住读者的心，有些作品不能使读者一气读下，除其他种种原因之外，没有情调，或情调不和谐，也是一大原因。

我们为什么不讲滋味，氛围，或风格，而只讲情调呢？这因为我们所讲的，都是希望它是从创作者的立场出发。其实，任何一件素材，一个故事，一个事件，一个人物，其中本来就有一种情调。但我们并不重视素材，比素材更重要而为我们

◆喜剧或悲剧：戏剧的两种重要类型。喜剧一般以夸张的手法、巧妙的结构、诙谐的台词，以及喜剧性格的刻画，引人发笑，往往以"正义战胜邪恶"等圆满结局收尾。而在悲剧中，主人公往往受尽磨难，最终依然可能以失败甚至丧命为结局。中国古典戏曲理论中没有严格的悲剧和喜剧的划分，但与两者概念相似的作品有很多，如喜剧作品《西厢记》，悲剧作品《窦娥冤》《赵氏孤儿》等。

所看重的，乃是作品的内容。内容与素材不同。素材是完全客观的存在，而内容是素材之经过了作者的思想，情感，镕铸而成为作者生命中一部分的东西。等到素材变成了作品内容，它就已经和那与内容相应的形式分不开了。因为一旦酝酿成为内容的时候，它就已决定了表现的形式。所以我们说，那素材本身中虽也有一种自在的情调，但我们所要说的情调，都是那当尚未执笔之前即已存在于作者生命中的情调，那情调不但为那即将表现的内容所决定，也为作者的人格所决定。❶这样来解释情调，就是站在创作过程上来解释，像我们所做过的其他解释一样，也只有这样解释才有积极的意义。为了使自己作品中充满了情调，为了使情调谐和，为了使读者在接触作品的顷刻之间就能感到灵魂的震颤，作者应尽可能的多体验，多思索，尽可能的使作品怀孕的时间充分而不致粗制滥造。而且，为了加强某种情调，作者的想象要在长时间里活动，他要用想象创造种种事物以为帮助。<mark>最显著的例子，莫过于"自然界"的运用，一个作者总会想到：是把这事件，或这人物，放在晴朗的天空下呢，还是放在黑暗之中呢，抑或把它放在一场暴风雨之中与风暴同时进行呢？</mark>这些，都不见得是那素材中所必有的分子，

◆ "最显……行呢？"：中国作家沈从文的小说《边城》描写的是船家少女翠翠的纯爱故事，其中很多重要场景都发生在"晴朗的天空下"，如翠翠和湘西小伙傩送在端午节看龙舟赛的场景；中国剧作家曹禺的成名作《雷雨》描写的是以周朴园这个封建家长为中心的周、鲁两家两代人错综复杂的矛盾冲突，在夜晚的雷雨中，资产阶级家庭的腐朽性和残酷性充分暴露，让人不寒而栗。

---

❶ 作家郁达夫的作品常给人沉郁忧愤之感。在《故都的秋》一文中，郁达夫把故都秋天的"清、静、悲凉"与自身孤独、苦闷的心情融合，情景交融，使得他笔下的"故都的秋"被打上了深深的"郁达夫"的个人烙印。详见课后延展阅读：《故都的秋》。

然而到了作者创造的时候，这种分子便自然地出现了。

（选自《创作论》）

延展阅读

故都的秋

郁达夫

秋天，无论在什么地方的秋天，总是好的；可是啊，北国的秋，却特别地来得清，来得静，来得悲凉。我的不远千里，要从杭州赶上青岛，更要从青岛赶上北平来的理由，也不过想饱尝一尝这"秋"，这故都的秋味。

江南，秋当然也是有的；但草木凋得慢，空气来得润，天的颜色显得淡，并且又时常多雨而少风；一个人夹在苏州上海杭州，或厦门香港广州的市民中间，混混沌沌地过去，只能感到一点点清凉，秋的味，秋的色，秋的意境与姿态，总看不饱，尝不透，赏玩不到十足。秋并不是名花，也并不是美酒，那一种半开、半醉的状态，在领略秋的过程上，是不合适的。

不逢北国之秋，已将近十年了。在南方每年到了秋天，总要想起陶然亭的芦花，钓鱼台的柳影，西山的虫唱，玉泉的夜月，潭柘寺的钟声。在北平即使不出门去吧，就是在皇城人海之中，租人家一椽破屋来住着，早晨起来，泡一碗浓茶，向院子一坐，你也能看得到很高很高的碧绿的天色，听得到青天下驯鸽的飞声。从槐树叶底，朝东细数着一丝一丝漏下来的日光，或在破壁腰中，静对着像喇叭似的牵牛花（朝荣）的蓝朵，自然而然地也能够感觉到十分的秋意。说到了牵牛花，我以为以蓝色或白色者为佳，紫黑色次之，淡红者最下。最好，还要在牵牛花底，教长着几根疏疏落落的尖细且长的秋草，使作陪衬。

　　北国的槐树，也是一种能使人联想起秋来的点缀。像花而又不是花的那一种落蕊，早晨起来，会铺得满地。脚踏上去，声音也没有，气味也没有，只能感出一点点极微细极柔软的触觉。扫街的在树影下一阵扫后，灰土上留下来的一条条扫帚的丝纹，看起来既觉得细腻，又觉得清闲，潜意识下并且还觉得有点儿落寞，古人所说的梧桐一叶而天下知秋的遥想，大约也就在这些深沉的地方。

　　秋蝉的衰弱的残声，更是北国的特产；因为北平处处全长着树，屋子又低，所以无论在什么地方，都听得见它们的啼唱。在南方是非要上郊外或山上去才听得到的。这嘶叫的秋蝉，在北平可和蟋蟀耗子一样，简直像是家家户户都养在家里的家虫。

　　还有秋雨哩，北方的秋雨，也似乎比南方的下得奇，下得有味，下得更像样。

　　在灰沉沉的天底下，忽而来一阵凉风，便息列索落地下起雨来了。一层雨过，云渐渐地卷向了西去，天又青了，太阳又露出脸来了；着着很厚的青布单衣或夹袄的都市闲人，咬着烟管，在雨后的斜桥影里，上桥头树底去一立，遇见熟人，便会用了缓慢悠闲的声调，微叹着互答着地说：

　　"唉，天可真凉了——"（这了字念得很高，拖得很长。）

　　"可不是吗？一层秋雨一层凉啦！"

北方人念阵字,总老像是层字,平平仄仄起来,这念错的歧韵,倒来得正好。

北方的果树,到秋来,也是一种奇景。第一是枣子树;屋角,墙头,茅房边上,灶房门口,它都会一株株地长大起来。像橄榄又像鸽蛋似的这枣子颗儿,在小椭圆形的细叶中间,显出淡绿微黄的颜色的时候,正是秋的全盛时期;等枣树叶落,枣子红完,西北风就要起来了,北方便是尘沙灰土的世界,只有这枣子、柿子、葡萄,成熟到八九分的七八月之交,是北国的清秋的佳日,是一年之中最好也没有的Golden Days。

有些批评家说,中国的文人学士,尤其是诗人,都带着很浓厚的颓废色彩,所以中国的诗文里,颂赞秋的文字特别多。但外国的诗人,又何尝不然?我虽则外国诗文念得不多,也不想开出账来,做一篇秋的诗歌散文钞,但你若去一翻英德法意等诗人的集子,或各国的诗文的Anthology来,总能够看到许多关于秋的歌颂与悲啼。各著名的大诗人的长篇田园诗或四季诗里,也总以关于秋的部分,写得最出色而最有味。足见有感觉的动物,有情趣的人类,对于秋,总是一样地能特别引起深沉、幽远、严厉、萧索的感触来的。不单是诗人,就是被关闭在牢狱里的囚犯,到了秋天,我想也一定会感到一种不能自已的深情;秋之于人,何尝有国别,更何尝有人种阶级的区别呢?不过在中国,文字里有一个"秋士"的成语,读本里又有着很普遍的欧阳子的《秋声》与苏东坡的《赤壁赋》等,就觉得中国的文人,与秋的关系特别深了。可是这秋的深味,尤其是中国的秋的深味,非要在北方,才感受得到底。

南国之秋,当然是也有它的特异的地方的,譬如廿四桥的明月,钱塘江的秋潮,普陀山的凉雾,荔枝湾的残荷,等等,可是色彩不浓,回味不永。比起北国的秋来,正像是黄酒之与白干,稀饭之与馍馍,鲈鱼之与大蟹,黄犬之与骆驼。

　　秋天,这北国的秋天,若留得住的话,我愿意把寿命的三分之二折去,换得一个三分之一的零头。

第二课
论散文

谈散文

主讲人 李广田

散文的特点就是"散"。

"散"字的解释很多。以散漫，散乱，闲散，松散，萧散，等等，都是散，究竟哪一个是散文的散呢？很难说。也许合起这许多意思来就恰到好处，因为从这些字义上看，是既可以见出散文的长处，也可以见出散文的短处。它的长处大概在于自然有致，而无矜持的痕迹，它的短处却常常在于东拉西扯，没有完整的体势。自然，这都是比较的看法，尤其是把散文和诗歌小说互相比较的时候显得更清楚些。

以散文与小说相比较，我们可以看出以下几点：

小说中或有故事，或无故事，但必有中心人物；散文中或有故事，或无故事，却不必一定有中心人物。

小说宜作客观的描写，即使是第一人称的小说，那写法也还是比较客观的；散文则宜于作主观的抒写，即使是写客观的事物，也每带主观的看法。

小说以人物行动为主，其人物之思想，情感，

◆ 散文：现代文体中，与小说、诗歌、戏剧等并重的一种文学形式。中国六朝以来，一切不押韵、不重排偶的散体文章，包括经传史书在内，概称"散文"。后又泛指除诗歌以外的一切文学形式。"五四"以后，中国现代散文出现。广义的现代散文包括杂文、小品文、随笔、报告文学等；狭义的现代散文专指作者情思的叙事、抒情散文。现在通常所说的"散文"往往采用其狭义的概念。

◆ "即使……观的"：如法国作家笛福的小说《鲁滨孙漂流记》，虽以第一人称视角展开，但语言近乎白描，呈现出一种客观的现实主义倾向。

性格等，都是在行动中表现出来，即使偶然描写一些自然景物，也还是为了人物的行动；散文则不必以人物行动为主，只写一个情节，一段心情，一片风景，也可以成为一篇很好的散文。

小说须全作具体描写，即使是议论，是感想，或是一种观念的陈述，也必须纳入具体的描写之中；散文则可以作抽象的言论，如说明一种思想，一种感情，一种论断等。

以散文与诗相比较，我们又可以看出以下几点：

诗须简炼，用最少的语言，说最多的事物；散文则无妨铺张，在铺张之中，顶多也只能作委曲弯转的叙述。

诗的语言以含蓄暗示为主，诗人所言，有时难免恍兮惚兮；散文则常常显豁，一五一十地摆在眼前，令人如闻如见。❶

诗人可以夸张，夸张了，还令人并不觉得是夸张；散文则常常是老实朴素，令人感到日用家常。

诗可以借重音乐的节奏，音乐的节奏又是和那内容不可分的；散文则用说话的节奏，偶然也有音乐的节奏，但如有意地运用，或用得太多，反而觉得不对。

从以上这些比较的看法，我们可以得出以下的结论，就是：

◆ 具体描写：如对"贫富悬殊"这个抽象观念进行具体描写，可以写作"朱门酒肉臭，路有冻死骨"。

◆ 铺张：夸张；渲染。

---

❶ 关于诗的语言和散文的语言的区别，详见课后延展阅读：《雨巷》《背影》。

第二课 论散文

散文的语言，以清楚，明畅，自然有致为其本来面目，散文的结构，也以平铺直叙，自然发展为主，其所以如此者，正因为散文以处理主观的事物为较适宜，或对于客观的事物亦往往以主观态度处理之的缘故。写散文，实在很近于自己在心里说自家事，或对着自己人说人家的事情一样，常是随随便便，并不怎么装模作样。

但这些话也还是相对的，因为散文之中有偏重描写的，有时就近于小说，又有偏重说明的，有时就近于理论，又有偏重抒情的，有时也就近于诗了。

绝对的话是没有方法说的。我们还是再打一个比喻吧：如把一个"散"字作为散文的特点，那么就应当给小说一个"严"字，而诗则给它一个"圆"字。如把散文比作行云流水，那么小说就是精心结构的建筑，而诗则为浑然无迹的明珠。

说散文是"散"的，然而既已成为"文"，而且假如是一篇很好的散文，它也绝不应当是"散漫"或"散乱"，而同样的，也应当像一座建筑，也应当像一颗明珠。

（选自《文学枝叶》）

◆ "散文……小说"：如鲁迅的散文《藤野先生》，通过细腻的外貌描写和剪裁合宜的几件代表性事件，让藤野先生的形象像小说主人公一样丰富立体。

◆ "有偏……理论"：如胡适的《文学改良刍议》，条理清晰，论证严谨，具有较强的理论性和逻辑性，是一篇说理性很强的散文。

◆ "有偏……于诗"：如徐志摩的《我所知道的康桥》，语言清新、灵动，感情细腻柔婉，读来有种诗意的美感。

延展阅读

雨 巷
戴望舒

撑着油纸伞,独自
彷徨在悠长、悠长
又寂寥的雨巷,
我希望逢着
一个丁香一样的
结着愁怨的姑娘。

她是有
丁香一样的颜色,
丁香一样的芬芳,
丁香一样的忧愁,
在雨中哀怨,
哀怨又彷徨;

她彷徨在这寂寥的雨巷,
撑着油纸伞
像我一样,
像我一样地
默默彳(chì)亍(chù)着,
冷漠,凄清,又惆怅。

她静默地走近
走近,又投出

太息一般的眼光,
她飘过
像梦一般的,
像梦一般的凄婉迷茫。

像梦中飘过
一枝丁香的,
我身旁飘过这女郎;
她静默地远了,远了,
到了颓圮(pǐ)的篱墙,
走尽这雨巷。

在雨的哀曲里,
消了她的颜色,
散了她的芬芳,
消散了,甚至她的
太息般的眼光,
丁香般的惆怅。

撑着油纸伞,独自
彷徨在悠长,悠长
又寂寥的雨巷,
我希望飘过
一个丁香一样的
结着愁怨的姑娘。

雨　巷

背　影

朱自清

我与父亲不相见已二年余了，我最不能忘记的是他的背影。

那年冬天，祖母死了，父亲的差使也交卸了，正是祸不单行的日子。我从北京到徐州，打算跟着父亲奔丧回家。到徐州见着父亲，看见满院狼藉的东西，又想起祖母，不禁簌簌地流下眼泪。父亲说："事已如此，不必难过，好在天无绝人之路！"

回家变卖典质，父亲还了亏空；又借钱办了丧事。这些日子，家中光景很是惨淡，一半为了丧事，一半为了父亲赋闲。丧事完毕，父亲要到南京谋事，我也要回北京念书，我们便同行。

到南京时，有朋友约去游逛，勾留了一日；第二日上午便须渡江到浦口，下午上车北去。父亲因为事忙，本已说定不送我，叫旅馆里一个熟识的茶房陪我同去。他再三嘱咐茶房，甚是仔细。但他终于不放心，怕茶房不妥帖；颇踌躇了一会。其实我那年已二十岁，北京已来往过两三次，是没有什么要紧的了。他踌躇了一会，终于决定还是自己送我去。我再三劝他不必去；他只说："不要紧，他们去不好！"

我们过了江，进了车站。我买票，他忙着照看行李。行李太多了，得向脚夫行些小费才可过去。他便又忙着和他们讲价钱。我那时真是聪明过分，总觉他说话不大漂亮，非自己插嘴不可，但他终于讲定了价钱；就送我上车。他给我拣定了靠车门的一张椅子；我将他给我做的紫毛大衣铺好座位。他嘱我路上小心，夜里要警醒些，不要受凉。又嘱托茶房好好照应我。我心里暗笑他的迂；他们只认得钱，托他们只是白托！而且我这样大年纪的人，难道还不能料理自己么？唉，我现在想想，那时真是太聪明了！

我说道："爸爸，你走吧。"他往车外看了看说："我买几个橘子去。你就在此地，不要走动。"我看那边月台的栅栏外有几个卖东西的等着顾客。走到那边月台，须穿过铁道，须跳下去又爬上去。父亲是一个胖子，走过去自然要费事些。我本来要去的，他不肯，只好让他去。我看见他戴着黑布小帽，穿着黑布大马褂，深青布棉袍，蹒跚地走到铁道边，慢慢探身下去，尚不大难。可是他穿过铁道，要爬上那边月台，就不容易了。他用两手攀着上面，两脚再向上缩；他肥胖的身子向左微倾，显出努力的样子，这时我看见他的背影，我的泪很快地流下来了。我赶紧拭干了泪。怕他看见，也怕别人看见。我再向外看时，他已抱了朱红的橘子往回走了。过铁道时，他先将橘子散放在地上，自己慢慢爬下，再抱起橘子走。到这边时，我赶紧去搀他。他和我走到车上，将橘子一股脑儿放在我的皮大衣上。于是扑扑衣上的泥土，心里很轻松似的。过一会说："我走了，到那边来信！"我望着他走出去。他走了几步，回过头看见我，说："进去吧，里边没人。"等他的背影混入来来往往的人里，再找不着了，我便进来坐下，我的眼泪又来了。

近几年来，父亲和我都是东奔西走，家中光景是一日不如一日。他少年出外谋生，独立支持，做了许多大事。哪知老境却如此颓唐！他触目伤怀，自然情不能自已。情郁于中，自然要发之于外；家庭琐屑便往往触他之怒。他待我渐渐不同往日。但最近两年的不见，他终于忘却我的不好，只是惦记着我，惦记着我的儿子。我北来后，他写了一信给我，信中说道："我身体平安，唯膀子疼痛厉害，举箸提笔，诸多不便，大约大去之期不远矣。"我读到此处，在晶莹的泪光中，又看见那肥胖的、青布棉袍黑布马褂的背影。唉！我不知何时再能与他相见！

主讲人 李广田

论现代散文风格
(Bonamy Dobrée)

◆Bonamy Dobrée：今译作博纳米·多布雷。

一　论风格

我们为快乐而读书，但并不是只为了某一种快乐，因为我们有种种不同的作品。在种种不同形式的作品中，却有一种共同的东西使我们同样地喜欢读它们。

不管我们觉察与不觉察，只要我们是在读一种作品，我们就一定同作者的人格相接触。我们在作品中扩大了我们的人事关系，因此我们也就更深入人生一层，不论我们自己的意愿如何低微，但至少也扩大了我们自己的人格，只要作者本身是具有某种有价值的人格的话。任何书，当我们把它读完了，我们就对我们自己说："这是一本好书！"我们之所以发现其如此者，就由于曾经和我们一度接触过的那人格的价值：我们如此说，很可能地，也正是因为我们发觉我们自己的生命受了作者人格的感发，虽然这只是在短时间的情形。

只有作者曾经把自己的人格深深地印了进去的那种作品，才会使我们感到一种特殊的欢欣与鼓舞，当我们说"这是一本好书"的时候。

那么，一定会有人问道，我们是怎么样同作者相接触的呢？我的回答似乎就是"由于作者的声调"。因为当我们读一本书的时候，虽然我们并不曾高声朗诵，或者我们只是在心里暗暗地意识到书里的文字，我们也总会感觉到一种声音，就好像有谁在同我们说话，在告诉我们一些事物，或者是在激发我们的情感。这一种声音，我们就大致称之为**风格**，而且，不管作者如何不关心他的人格，甚至想掩藏他的人格，他却很难掩饰他的声音，和他的风格，除非他有心要写游戏文字。所谓"**风格即人**"，其真理亦即在此；假如我们认识一个赋有某种声调的作家，当我们再读他的作品的时候，我们就特别感觉到好像是听到了他本人的声音之抑扬顿挫一样。更进一步说，终究还是由于作家的风格而一个作家才是伟大的，而且永久伟大，因为只有那写得最好的书才可以长久，虽然我们不能说每一本写得好的书都如此；但我们总可以凭了他的风格而认识其为人。

二　新作风

作为社会动物的人是不能不随着所谓"时代精神"而改变其腔调的，这种"时代精神"（至今还没有更好的名词来说明它），是可以凭了人们对于外在世界，更重要的是对于人们自己的情绪所造成的种种不同的接近而测度得出来的。一个人也许根本没有改变，但在他那时代的社会进展中，各种不

◆风格：作家、艺术家的创作个性在文艺作品中得到体现，使作品表现出可识别的艺术独创性。风格具有独特性和相对稳定性，是判断一个作家、艺术家是否成熟的重要标准。

◆风格即人：法国作家布丰（1707—1788）提出的一个文艺概念。他认为：知识、事实与发现容易脱离作品而转入他人之手，但风格就是本人。类似的观念还有北宋文学家苏轼的"文如其人"。近代中国作家、翻译家钱锺书对此则有不同看法，他认为文章并不一定要体现作者品行。

◆时代精神：指不同历史时期会有各自不同的典型风格，这一时期的文化，是其时代精神在文艺作品中的和谐表达。

同的面貌却被淘洗了出来，各种新奇的现象也发生了出来。就举一个简单的例子吧：一个14世纪的人，如问他关于"海洋中的奇迹"的想法，试将他的反应与一个20世纪的人对于这个问题的反应相比较，其结果究将如何呢？如在我们，立刻就会把我们的思想转到一般所谓"科学奇迹"上去的，例如对于鱼族或珊瑚族生活的种种详细证明之类。而在14世纪的人，则将愉快地震惊于那些大得可怕，奇怪得令人难信的大海兽、雌人鱼，以及各种水鱼鬼怪的幻想。所以，不但各时代的人要表现各种不同的事物，而且他们也将各异其道地去感动别人。

最重要的，是现在我们笔下所写的文字愈来愈和口语相接近这一个事实，像听人谈话一样，我们在读书的时候也将立刻追踪到了其中所含的复杂意义。

今天的散文作家，试从他们把文字节奏又复原于日常谈话节奏之中这一点看来，比较他们只知以别人思想的表现为表现而只袭用人家已经用滥了的形式与词藻（这当然是容易到无以复加的，）他们不是正在努力于更忠实于他们自己吗？"风格，并不是一种装饰，也不是一种仪式，也不是一种巴戏，更不是任何这一类的纠缠。他是一个人要说出自己的意识，要说出自己的思想，而且要用最恰当的字眼来说出它们。"（Introduction to *The London Book of English Verse*, by Herbert Read and Bonamy Dobrée, 1931.）这也就是要完成一种风格之极端困难处，因为上面这几点都是

◆ "而在……幻想"：14世纪距离"地理大发现"还有一百多年，欧洲还处于黑暗蒙昧的中世纪，神权处于支配地位，人们对于海洋的认知很多来自神话、宗教传说和一些亦真亦假的旅行故事，如在绘制于1300年前后的《赫里福德世界地图》上，就有大量奇异生物、伊甸园、诺亚方舟所在地等内容。此图现藏英国赫里福德大教堂。

◆ 巴戏：应为"把戏"。

第二课　论散文

极不容易办到的。就只以最后一点来说吧，要用最恰当的字眼说出自己所要说的东西，这简直好像是不可能的，因为，每当我们有话要说的时候，如果我们真正要忠实于我们的意思与感情，我们就必须有效地重新创造一种手段。随时随地那些过时的字或句都会闯到我们和真实之间来打搅。"极端的分析起来，我们简直不能说任何事物而不是把它的本色改变了若干成分……这真是一件千真万确而又无可如何的事实。"（*The Theory of Speech and Language*, By A.H.Gardiner, Oxford.1932.）就是这一种体认（在我们今天这可以说是一种新鲜的体认,）它逼着作家们不得不试验着像他们在日常生活中说日常真实事物一般地去写作，因为只有如此他才可以达到对自己忠实的境地；不然的话，文学传统的语言和风格就要自己固执下去的。❶但是现代的作家切不可只想到风格：谁如是第一先想到风格，谁就要误入歧途：最先要做的事情——这原是一种老生常谈——乃是清清楚楚地思想。像考克陶先生（M.Tean Cocteau）所说的："风格不能当作出发点——它是只可以不期而遇的。什么是风格？对于大多数人，它是说明最简单事物的最复杂的方法。从我们自己的观点看来，它却是说明最复杂事物的最简单的方法。"（*A Call to Order*, Allen and Unwin, tra, 1933.）他又说："形式乃思想之形式。它并不是说明事物的方法，乃是思想事物的方法。"

◆ 考克陶：今译作科克托、谷克多（1889—1963），法国作家。主要作品有诗作《好望角》，小说《骗子托马斯》，电影剧本《美女与野兽》等。

◆ M.Tean Cocteau：应为"M. Jean Cocteau"。

◆ "风格……遇的"：近现代的作家往往有自觉形成的风格，但是早期的作家对风格的选择往往是无意识的。历史上很多风格的确定和定义，是由后来者完成的。

---

❶ 见课后延展阅读：《我的母亲》。

一个作者必须倾听他自己，就是说，他应该听他自己要说什么。他切不可臆断，或强求一种结果：我们必须能想象到他是在同他自己谈话。没有另外的方法可以完成"一种"风格，因为风格本来就是他的声调，就是他自己。

一个作者也切不可像无聊闲谈似地写作，比一切都更其重要的，是他一定要先丢弃那些已死的比喻，因为那不过是些似是而非的东西，他必须选用那些最正确的，最有表现力的字，以使他的风格健康活泼，而免于蠢笨。第一要务，他所必须切实做到的，是保持他的知觉的健康活泼，尤其是对于他自己的知觉。

> ◆知觉：人对客观环境和主体状态的感知与解释的过程。

更其特殊的，是今天摆在作者面前的乃是些完全新鲜的材料，而作者任务也就是要发现出这些新鲜材料所需要的新形式。

那么，我们的散文将要走到一个什么方向去呢……有人一定会想，我们大家都要走到凡我们的口所不能，所真真不能说的东西便绝对不去写它的地步，当然，这也并不是把我们的写作只限定于我们实际所能说的方面。要用作文如说话的做法来造成"一种"风格，这也并不是可以一蹴而就的；在我们做到这地步以前，我们至少须经过三种训练。第一个极端困难的工作就是要对思想忠实，而且是完全忠实，我们千万不可避难就易，以致让文字限定了我们的思想；第二件苦工，就是搜索最恰当的字和语辞的最恰当的变化，以传达出那些字的全意与情趣；第三件工作，是超乎前二者之上的，我们必须把我们的散文陶镕得好像赋有了我们日常谈话的气势和结构。这就是工夫之所在，也就是我们可以完成这一艺术的地方。

三　新试验

从某一意义上说，一切有生命的好散文都是试验的——像一切好诗一样——都是拼命地要说出前人所从未说过的东西，尽管也是用了那些同样的字来说它。一个真正的创作者是要永远和文字斗争的，他要把从未有过的新意从文字中绞出来，并把它链铸到文字里边去；假如他不肯这样做，他就不能成一个真正的创作者。如果这只是单独的思想问题，其困难也许不至如此，而这实在乃是一个整个感觉性的问题。

◆链：同"锤"。

简明的，质朴无文的意义，就是我们所说的科学的意义，是在每个字里边都有的，问题就在于一个真正的创作者应如何给这种文字以不同的色泽或奇异的感觉，凭了这些，它才可以表现全新的东西，或者某些旧的道理而又带有完全不同的面目。平常的诗的手法，如**比拟**，如新**句法**，如**韵**的作用等等，自然也是一些方便，然而散文却绝不应该变成一座专事收藏那些废弃了的诗的武器的陈列馆。无论如何，这些办法已成了传统的一部分，而我们的新试验的散文就是要努力打破这传统的藩篱，因为这藩篱对于那试想给事物以新看法与新说法的人格总在加以压迫。像这一类的新散文作家我们已经

◆比拟：辞格之一。把物拟作人，或把人拟作物的手法。

◆句法：也称"造句法"，包括词组的构成、句子的构成，以及句型、句式和句类等内容。

◆韵：韵律。指诗词中的平仄格式和押韵规则，或指语言的节奏规律。

◆Wyndham Lewis: 今译作温德姆·刘易斯。英国本土现代主义文艺运动——旋涡主义的创始人，20世纪英国先锋文艺发展史上的重要人物。

◆Hemingway: 今译作海明威（1899—1961），美国作家。曾获诺贝尔文学奖。他简约有力的散文风格影响了很多欧美作家。主要作品有小说《太阳照常升起》《永别了，武器》《丧钟为谁而鸣》《老人与海》等。

◆Flanekner: 应为"Faulkner"，今译作福克纳（1897—1962），美国作家。曾获诺贝尔文学奖。他在创作方法上有很多独创之处，如"意识流"手法、"时序颠倒"手法等。主要作品有小说《喧哗和骚动》《我弥留之际》等。

◆Anderson: 今译作安德森。美国作家。他是美国文学现代文体风格的开创者之一。

◆子音：即辅音。

看到了，例如Mr.Wyndham Lewis，Mr.Hemingway，Mr.Flanekner，以及Mr.Anderson等。他们的工作就是要给文字以新生命，要把它们那些陈腐的，碍事的关连都解剖掉，使它们变得灿烂光辉，一如使它们爽朗明澈，以便使它们与作者自己所见所感者完全符合。

新的材料就需要新的形式，不错；但是这些材料却毋宁说是故意隐藏了它们自己的形式，不然的话，你也不过只是造成思想与感情的另一方面的歪曲，而绝不会比那些旧形式更好。当你还不曾明白你要求某一新工具应替你做什么事之前，如果你开始就先说"让我们来造一个新的工具吧"，这不过是徒然地滥用聪明而已。只有当语言文字的旧用法已不能做你所要做的事，当新的材料非有新形式不可的时候，这才随处都有来折磨语言的必要。

有一件事是真正的散文创作者所要永远从事的，就是，要给事物以客观的真实性，要把形色译成声音，为了要这样做，他就不得不常常铸造新的表现法，甚至铸造新字，因为，我们已经看到的，旧字，旧表现，旧比拟，旧隐喻，都是已经褪了色的，没有生命的，它们已不能像从前似的有所作为。但是除此以外，今天的试验者还有些别的事情要做，那就是要紧紧地追上思想的一切奇异变化，以及思想的发展，思想的纠纷，这样才能给真实性以最切近的影像。无论新的或旧的，都要用了声音的各种安排，各种不同的连续，不同的调子，元音连接的重复和子音的种种把戏，以造成一种作

第二课　论散文

用。但是新的散文还要试验着各种句法的不同的组织，关于这一点，我并不是说要改变语言的文法，而只是说一种适贴的句法。这就是斯坦因女士（Miss.Stein）的办法，她不大注意字的本身，或字的声音，她几乎完全是由于她的句子的安排而获得她的效果。很多作者只是在教养他们起来的传统中写作，他们不大注意句法，除非是要它们"正确"，这就是说，不要怎么注意；而新的试验者，比较把句法当作他工作中的一种无关鸿旨的要素，却给了句法一个重要的地位。

譬如乔艾司（Mr.Joyce），他就专心去寻求语言中的"三棱镜"，而不写那种明澈柔顺的以全句表意的散文。这自然是一种诗的写法，而这也并不只是把随时所想到的东西随便乱记了下来。假如说，像用三棱镜分解光线似地可以把语言分成各种光泽以表现各种新感觉，这也许只是无聊的梦话，但语言确是靠了它的多变，以及靠了它自身有适应各种新材料的能力，而才有其生命。要使语言做到这些事，就全靠我们作家们的能力，而我们的语言与文学之前途也将以此为指望。

[附记]以上几段文章，是从Bonamy Dobre的《现代散文风格》（*Modern Prose Style*. Oxford, At the Clarendon Press, 1934.）节译出来的。全书共分四章，第一章论描写的散文，第二章论说明的散文，第三章论情感的散文，第四章论现代散文风格。这里的第一节"论风格"，节译自该书的序文，这里的第

◆斯坦因（1874—1946）：美国作家。她是一位文学改革的试验者，在创作中坚持创新文体、句法等，对海明威、安德森等作家影响很大。主要作品有小说《三个女人的生平》《美国人的成长》，论著《怎样写文章》等。

◆乔艾司：今译作乔伊斯（1882—1941），爱尔兰作家。他在创作中常用意识流手法，作品结构复杂，造句奇特，但语言往往晦涩。主要作品有长篇小说《尤利西斯》。

◆Bonamy Dobre：应为"Bonamy Dobrée"。

二节"新作风",节译自该书第四章第一节,这里的第三节"新试验",节译自该书第四章第二节。我相信从这些节译中可以窥见全书的要义。可惜原书不在手边,我的翻译只是根据了我的读书札记,我很担心,这里边恐难免有什么错误。

(选自《文学枝叶》)

延展阅读

我的母亲

胡 适

每天天刚亮时,我母亲就把我喊醒,叫我披衣坐起。我从不知道她醒来坐了多久了。她看我清醒了,才对我说昨天我做错了什么事,说错了什么话,要我认错,要我用功读书。有时候她对我说父亲的种种好处,她说:"你总要踏上你老子的脚步。我一生只晓得这一个完全的人,你要学他,不要跌他的股。"(跌股便是丢脸。出丑。)她说到伤心处,往往掉下泪来。到天大明时,她才把我的衣服穿好,催我去上早学。学堂门上的锁匙放在先生家里;我先到学堂门口一望,便跑到先生家里去敲门。先生家里有人把锁匙从门缝里递出来,我拿了跑回去,开了门,坐下念生书。十天之中,总有八九天我是第一个去开学堂门的。等到先生来了,我背了生书,才回家吃早饭。

我母亲管束我最严,她是慈母兼任严父。但她从来不在别人面前骂我一句，打我一下。我做错了事，她只对我一望，我看见了她的严厉眼光，就吓住了。犯的事小，她等到第二天早晨我眼醒时才教训我。犯的事大，她等到晚上人静时，关了房门，先责备我，然后行罚，或罚跪，或拧我的肉。无论怎样重罚，总不许我哭出声音来。她教训儿子不是借此出气叫别人听的。

  有一个初秋的傍晚，我吃了晚饭，在门口玩，身上只穿着一件单背心。这时候我母亲的妹子玉英姨母在我家住，她怕我冷了，拿了一条小衫出来叫我穿上。我不肯穿，她说："穿上吧，凉了。"我随口回答："娘（凉）什么！老子都不老子呀。"我刚说了这句话，一抬头，看见母亲从家里走出，我赶快把小衫穿上。但她已听见这句轻薄的话了。晚上人静后，她罚我跪下，重重的责罚了一顿。她说："你没了老子，是多么得意的事！好用来说嘴！"她气的坐着发抖，也不许我上床去睡。我跪着哭，用手擦眼泪，不知擦进了什么微菌，后来足足害了一年多的眼翳（yì）病。医来医去，总医不好。我母亲心里又悔又急，听说眼翳可以用舌头舔去，有一夜她把我叫醒，她真用舌头舔我的病眼。这是我的严师，我的慈母。

  ……

  我母亲的气量大，性子好，又因为做了后母后婆，她更事事留心，事事格外容忍。大哥的女儿比我只小一岁，她的饮食衣料总是和我的一样。我和她有小争执，总是我吃亏，母亲总是责备我，要我事事让她。后来大嫂、二嫂都生了儿子了，她们生气时便打骂孩子来出气，一面打，一面用尖刻有刺的话骂给别人听。我母亲只装不听见。有时候，她实在忍不住了，便悄悄走出门去，或到左邻立大嫂家去坐一会，或走后门到后邻度嫂家去闲谈。她从不和两个嫂子吵一句嘴。

每个嫂子一生气，往往十天半个月不歇，天天走进走出，板着脸，咬着嘴，打骂小孩子出气。我母亲只忍耐着，忍到实在不可再忍的一天，她也有她的法子。这一天的天明时，她就不起床，轻轻的哭一场。她不骂一个人，只哭她的丈夫，哭她自己命苦，留不住她丈夫来照管她。她先哭时，声音很低，渐渐哭出声来。我醒了起来劝她，她不肯住。这时候，我总听得见前堂（二嫂住前堂东房）或后堂（大嫂住后堂西房）有一扇房门开了，一个嫂子走出房向厨房走去。不多一会，那位嫂子来敲我们的房门了。我开了房门，她走进来，捧着一碗热茶，送到我母亲床前，劝她止哭，请她喝口热茶。我母亲慢慢停住哭声，伸手接了茶碗。那位嫂子站着劝一会，才退出去。没有一句话提到什么人，也没有一个字提到这十天半个月来的气脸，然而各人心里明白，泡茶进来的嫂子总是那十天半个月来闹气的人。奇怪的很，这一哭之后，至少有一两个月的太平清静日子。

我母亲待人最仁慈，最温和，从来没有一句伤人感情的话。但她有时候也很有刚气，不受一点人格上的侮辱。我家五叔是个无正业的浪人，有一天在烟馆里发牢骚，说我母亲家中有事总请某人帮忙，大概总有什么好处给他。这句话传到了我母亲耳朵里，她气的大哭，请了几位本家来，把五叔喊来，她当面质问他她给了某人什么好处。直到五叔当众认错赔罪，她才罢休。

我在我母亲的教训之下住了九年，受了她的极大极深的影响。我十四岁（其实只有十二岁零两三个月）就离开她了。在这广漠的人海里独自混了二十多年，没有一个人管束过我。如果我学得了一丝一毫的好脾气，如果我学得了一点点待人接物的和气，如果我能宽恕人，体谅人，——我都得感谢我的慈母。

写作杂谈

主讲人 朱自清

　　我是一个国文教师，我的国文教师生活的开始可以说也就是我的写作生活的开始。这就决定了我的作风，若是我也可说是有作风的话。我的写作大体上属于朴实清新一路。一方面自己的才力只能做到这地步，一方面也是国文教师的环境教我走这一路。我是个偏于理智的人，在大学里学的原是哲学。我的写作大部分是理智的活动，情感和想象的成分都不多。虽然幼年就爱好文学，也倾慕过《聊斋志异》和林译小说，但总不能深入文学里。开始写作的时候，自己知道对于小说没希望，尝试得很少。那时却爱写诗。不过自己的情感和想象都只是世俗的，一点儿也不能超群绝伦。我只是一个老实人。或一个乡下人，如有些人所说的。——外国文学的修养差，该也是一个原故。可是我做到一件事，就是不放松文字。我的情感和想象虽然贫弱，却总尽力教文字将它们尽量表达，不留遗憾。我注意每个词的意义，每一句的安排和音节，每一段的长短和衔接处，想多少可以补救一些自己的贫弱的地方。已故的刘大白先生曾对人说我的小诗太费力，实在是确切的评语。但这正是一个国文教师的本来面目。

◆林译小说：清末民初文学家、翻译家林纾（1852—1924）翻译的外国小说。其人虽不懂西文，但依靠他人口述，用文言文翻译了一百七十余种欧美小说。代表作有《巴黎茶花女遗事》《黑奴吁天录》《伊索寓言》等。

◆刘大白（1880—1932）：中国诗人。著有诗集《旧梦》《邮吻》等。

> 小品文：散文的一种。融议论、抒情和叙事于一体，往往篇幅短小。中国晋代就有"小品"一词，明清时期更为盛行。"五四"以来，中国作家吸收西方文学的质素，创作现代小品文。

> 《你我》：朱自清的散文集。

后来丢开诗，只写些散文，散文对于自己似乎比较合宜些，所以写得也多些。所谓散文便是英语里的"常谈"，原是对"正论"而言；一般人又称为小品文，好似对大品文而言，但没有大品文这名称。散文虽然也叙事、写景、发议论，却以抒情为主。这和诗有相通的地方，又不需要小说的谨严的结构，写起来似乎自由些。但在我还是费力。有时费力太过，反使人不容易懂。如《桨声灯影里的秦淮河》里有一处说到"无可无不可"，有"无论是升的沉的"一句话。升的"无可无不可"指《论语》里孔子的话，所谓"时中"的态度。沉的指一般人口头禅的"无可无不可"，只是"随便""马虎"的意思。有许多人不懂这"升的沉的"。也许那句话太简了，因而就太晦了。可是太简固然容易晦，繁了却也腻人。我有一篇《扬州的夏日》（在《你我》里），篇末说那些在城外吃茶的人回城去，有些穿上长衫，有些只将长衫搭在胳膊上。一个朋友说穿上长衫是常情，用不着特别叙出。他的话有道理。但这并不由于我的疏忽，这是我才力短，不会选择。我的写作有时不免牵于事实，不能自由运用事实，这是一例。

我的《背影》《儿女》《给亡妇》三篇，注意的人也许多些。《背影》和《给亡妇》都不曾怎样费力写出。《背影》里引了父亲来信中一句话。那封信曾使我流泪不止。亡妇一生受了多少委屈，想起来总觉得对不起她。写《给亡妇》那篇是在一个晚上，中间还停笔挥泪一回。情感的痕迹太深

第二课 论散文

刻了，虽然在情感平静的时候写作，还有些不由自主似的。当时只靠平日训练过的一支笔发挥下去，几乎用不上力量来。但是《儿女》，还有早年的《笑的历史》，却是费了力琢磨成的。就是《给亡妇》，一方面也是一个有意的尝试。那时我不赞成所谓欧化的语调，想试着避免那种语调。我想尽量用口语，向着言文一致的方向走。《给亡妇》用了对称的口气，一半便是为此。❶有一位爱好所谓欧化语调的朋友看出了这一层，预言我不能贯彻自己的主张。我也渐渐觉得口语不够用。我们的生活在欧化（我愿意称为现代化），我们的语言文字适应着，也在现代化，其实是自然的趋势。所以我又回到老调子。所谓老调子是受《点滴》等书和鲁迅先生的影响。当时写作的青年很少不受这种影响的。后来徐志摩先生，再后来梁宗岱先生、刘西渭先生等，直接受取外国文学的影响，算是异军突起，可是人很少。话说回来，上文说到的三篇文里，似乎只有《背影》是"情感的自然流露"，但也不尽然。《背影》里若是不会闹什么错儿，我想还是平日的训练的原故。我不大信任"自然流露"，因为我究竟是个国文教师。

国文教师做久了，生活越来越狭窄，所谓"身边琐事"的散文，我慢慢儿也写不出了。恰好谢谢清华大学，让我休假上欧洲去了一年。回国后写成了《欧游杂记》和一些《伦敦杂记》。那时真是

◆《笑的历史》：短篇小说，写于1923年。朱自清以妻子为原型，采用第一人称，讲述了一个阳光明媚的爱笑女子在出嫁后遭受旧式家族压迫，逐渐变得不爱笑、不敢笑甚至厌恶笑的情感历程。

◆《点滴》：周作人的译文集。周作人，中国作家、翻译家，鲁迅胞弟，与鲁迅一起翻译了很多外国文学作品。

◆徐志摩（1897—1931）：中国诗人，"新月派"代表人物。初字槱（yǒu）森，后改字志摩。曾在英国剑桥大学留学，他的新诗创作深受西方文学的影响。

◆梁宗岱（1903—1983）：中国诗人、翻译家。

◆刘西渭：即李健吾（1906—1982），笔名刘西渭。中国作家、文艺评论家、翻译家。

---

❶ 见课后延展阅读：《给亡妇》。

◆何其芳（1912—1977）：中国诗人、文学评论家。著有诗集《预言》《夜歌和白天的歌》，散文集《画梦录》等。

◆卞之琳（1910—2000）：中国诗人、翻译家。著有诗集《十年诗草》《鱼目集》《慰劳信集》，译著《哈姆雷特》等。

◆语文意义：此处指语言文字的意义。朱自清欧洲之行时，瑞恰慈的语义研究正流行，下文中的《语文影》即朱自清所写的关于语文意义的书。

◆《我们的七月》：朱自清与俞平伯合办的文学杂志。

"身边琐事"的小品文已经腻了，而且有人攻击。我也觉得身边琐事确是没有多大意思，写作这些杂记时便专从客观方面着笔，尽力让自己站在文外。但是客观的描叙得有充分的、详确的知识作根据，才能有新的贡献。自己走马看花所见到的欧洲，加上游览指南里的一点儿记载，实在太贫乏了，所以写出来只是寒尘。不过客观的写作却渐渐成了我的唯一的出路。这时候散文进步了。何其芳先生的创作，卞之琳先生的翻译，写那些精细的情感，开辟了新境界。我常和朋友说笑，我的散文早过了时了。既没有创新的力量，我只得老老实实向客观的描叙的路走去。我读过瑞恰慈教授几部书，很合脾胃，增加了对于语文意义的趣味。从前曾写过几篇论说的短文，朋友们似乎都不大许可。这大概是经验和知识还不够的原故。但是自己总不甘心，还想尝试一下。于是动手写《语文影》。第一篇登在《中央日报》昆明版的《平明》上，闹了点错儿，挨了一场骂。可是我还是写下去。更想写一些论世情的短文，叫作《世情书》。试了一篇，觉得力量还差得多，简直不能自圆其说似的，只得暂且搁下。我是想写些"正论"或"大品文"，但是小品文的玩世的幽默趣味害我"正"不住我的笔，也得再修养几年。十六年前曾写过一篇《正义》（见《我们的七月》），虽然幼稚，倒还像"正义"，可惜没有继续训练下去。现在大约只能先试些《语文影》。这和《世情书》都以客观的分析为主，而客观的分析语文意义，在国文教师的我该会合宜些。

第二课　论散文

我的写作的经验有两点也许可以奉献给青年的写作者。一是不放松文字，注意到每一词句，我觉得无论大小，都该从这里入手。控制文字是一种愉快，也是一种本领。据说陀斯妥也夫斯基很不讲究文字，却也成为大小说家。但是他若讲究文字，岂不更美？再说像陀斯妥也夫斯基那样大才力，古今中外又有多少人？为一般写作者打算，还是不放松文字的好。现在写作的青年似乎不大在乎文字。无论他们的理由怎样好听，吃亏的恐怕还是他们自己，不是别人。二是不一定创作，"五四"以来，写作的青年似乎都将创作当作唯一的出路。不管才力如何，他们都写诗，写散文，写小说戏剧。这中间必有多数人白费了气力，闹得连普通的白话文也写不好。这也是时代如此。当时白话文只用来写论文，写文学作品，应用的范围比较窄。论文需要特殊的知识和经验，青年人办不了，自然便拥挤到创作的路上。这几年白话文应用的范围慢慢儿广起来了，报纸上可以见出。"写作"这个词代替了"创作"流行着，正显示这个趋势。写作的青年能够创作固然很好，不能创作，便该赶紧另找出路。现在已经能够看到的最大的出路，便是新闻的写作。新闻事业前途未可限量，一定需要很多的人手。现在已经有青年记者协会，足见写作的青年已找出这条路。从社会福利上看，新闻的写作价值绝不在文艺的写作之下，只要是认真写作的话。

（选自《朱自清全集》第二卷）

◆陀斯妥也夫斯基：今译作陀思妥耶夫斯基（1821—1881），俄国作家。著有长篇小说《罪与罚》，中篇小说《地下室手记》等。

> **延展阅读**

给亡妇
朱自清

谦，日子真快，一眨眼你已经死了三个年头了。这三年里世事不知变化了多少回，但你未必注意这些个，我知道。你第一惦记的是你几个孩子，第二便轮着我。孩子和我平分你的世界，你在日如此；你死后若还有知，想来还如此的。告诉你，我夏天回家来着：迈儿长得结实极了，比我高一个头。闰儿父亲说是最乖，可是没有先前胖了。采芷和转子都好。五儿全家夸她长得好看；却在腿上生了湿疮，整天坐在竹床上不能下来，看了怪可怜的。六儿，我怎么说好，你明白，你临终时也和母亲谈过，这孩子是只可以养着玩儿的，他左挨右挨去年春天，到底没有挨过去。这孩子生了几个月，你的肺病就重起来了。我劝你少亲近他，只监督着老妈子照管就行。你总是忍不住，一会儿提，一会儿抱的。可是你病中为他操的那一份儿心也够瞧的。那一个夏天他病的时候多，你成天儿忙着，汤呀，药呀，冷呀，暖呀，连觉也没有好好儿睡过。哪里有一分一毫想着你自己。瞧着他硬朗点儿你就乐，干枯的笑容在黄蜡般的脸上，我只有暗中叹气而已。

从来想不到做母亲的要像你这样。从迈儿起，你总是自己喂乳，一连四个都这样。你起初不知道按钟点儿喂，后来知道了，却又弄不惯；孩子们每夜里几次将你哭醒了，特别是闷热的夏季。我瞧你的觉老没睡足。白天里还得做菜，照料孩子，很少得空儿。你的身子本来坏，四个孩子就累你七八年。到了第五个，你自己实在不成了，又没乳，只好自己喂奶粉，另雇老妈子专管她。但孩子跟老妈子睡，你就没有放过心；夜里一听见哭，就竖起耳朵听，工夫一大就得过去看。十六年初，和你到北京来，将迈儿，转子留在家里；三年多还不能去接他们，可真把你惦记苦了。你并不常提，我却明白。你后来说你的病就是惦记出来的；那个自然也有份儿，不过大半还是养育孩子累的。你的短短的十二年结婚生活，有十一年耗费在孩子们身上；而你一点不厌倦，有多少力量用多少，一直到自己毁灭为止。你对孩子一般儿爱，不问男的女的，大的小的。也不想到什么"养儿防老，积谷防饥"，只拼命的爱去。你对于教育老实说有些外行，孩子们只要吃得好玩得好就成了。这也难怪你，你自己便是这样长大的。况且孩子们原都还小，吃和玩本来也要紧的。你病重的时候最放不下的还是孩子。病的只剩皮包着骨头了，总不信自己不会好；老说："我死了，这一大群孩子可苦了。"后来说送你回家，你想着可以看见迈儿和转子，也愿意；你万想不到会一走不返的。我送车的时候，你忍不住哭了，说："还不知能不能再见？"可怜，你的心我知道，你满想着好好儿带着六个孩子回来见我的。谦，你那时一定这样想，一定的。

除了孩子，你心里只有我。不错，那时你父亲还在；可是你母亲死了，他另有个女人，你老早就觉得隔了一层似的。出嫁后第一年你虽还一心一意依恋着他老人家，到第二年上我和孩子可就将你的心占住，你再没有多少工夫惦记他了。你还记得第一年我在北京，你在家里。家里来信说你待不住，常回娘家去。我动气了，马上写信责备你。你教人写了一封复信，说家里有事，不能不回去。这是你第一次也可以说第末次的抗议，我从此就没给你写信。暑假时带了一肚子主意回去，但见了面，看你一脸笑，也就拉倒了。打这时候起，你渐渐从你父亲的怀里跑到我这儿。你换了金镯子帮助我的学费，叫我以后还你；但直到你死，我没有还你。你在我家受了许多气，又因为我家的缘故受你家里的气，你都忍着。这全为的是我，我知道。那回我从家乡一个中学半途辞职出走。家里人讽你也走。哪里走！只得硬着头皮往你家去。那时你家像个冰窖子，你们在窖里足足住了三个月。好容易我才将你们领出来了，一同上外省去。小家庭这样组织起来了。你虽不是什么阔小姐，可也是自小娇生惯养的，做起主妇来，什么都得干一两手；你居然做下去了，而且高高兴兴地做下去了。菜照例满是你做，可是吃的都是我们；你至多夹上两三筷子就算了。你的菜做得不坏，有一位老在行大大地夸奖过你。你洗衣服也不错，夏天我的绸大褂大概总是你亲自动手。你在家老不乐意闲着；坐前几个"月子"，老是四五天就起床，说是躺着家里事没条没理的。其实你起来也还不是没条理；咱们家那么多孩子，哪儿来条理？在浙江住的时候，逃过两回兵难，我都在北平。真亏你领着母亲和一群孩子东藏西躲的；末一回还要走多少里路，翻一道大岭。这两回差不多只靠你一个人。你不但带了母亲和孩子们，还带了我一箱箱的书；你知道我是最爱书的。在短短的十二年里，你操的心比人家一辈子还多；谦，你那样身子怎么经得住！你将我的责任一股脑儿担负了去，压死了你；我如何对得起你！

你为我的劳什子书也费了不少神；第一回让你父亲的男佣人从家乡捎到上海去。他说了几句闲话，你气得在你父亲面前哭了。第二回是带着逃难，别人都说你傻子。你有你的想头："没有书怎么教书？况且他又爱这个玩意儿。"其实你没有晓得，那些书丢了也并不可惜；不过教你怎么晓得，我平常从来没和你谈过这些个！总而言之，你的心是可感谢的。这十二年里你为我吃的苦真不少，可是没有过几天好日子。我们在一起住，算来也还不到五个年头。无论日子怎么坏，无论是离是合，你从来没对我发过脾气，连一句怨言也没有。——别说怨我，就是怨命也没有过。老实说，我的脾气可不大好，迁怒的事儿有的是。那些时候你往往抽噎着流眼泪，从不回嘴，也不号啕。不过我也只信得过你一个人，有些话我只和你一个人说，因为世界上只你一个人真关心我，真同情我。你不但为我吃苦，更为我分苦；我之有我现在的精神，大半是你给我培养着的。这些年来我很少生病。但我最不耐烦生病，生了病就呻吟不绝，闹那伺候病的人。你是领教过一回的，那回只一两点钟，可是也够麻烦了。你常生病，却总不开口，挣扎着起来；一来怕搅我，二来怕没人做你那份儿事。我有一个坏脾气，怕听人生病，也是真的。后来你天天发烧，自己还以为南方带来的疟疾，一直瞒着我。明明躺着，听见我的脚步，一骨碌就坐起来。我渐渐有些奇怪，让大夫一瞧，这可糟了，你的一个肺已烂了一个大窟窿了！大夫劝你到西山去静养，你丢不下孩子，又舍不得钱；劝你在家里躺着，你也丢不下那份儿家务。越看越不行了，这才送你回去。明知凶多吉少，想不到只一个月工夫你就完了！本来盼望还见得着你，这一来可拉倒了。你也何尝想到这个？父亲告诉我，你回家独住着一所小住宅，还嫌没有客厅，怕我回去不便哪。

前年夏天回家，上你坟上去了。你睡在祖父母的下首，想来还不孤单的。只是当年祖父母的坟太小了，你正睡在圹底下。这叫做"抗圹"，在生人看来是不安心的；等着想办法哪。那时圹上圹下密密地长着青草，朝露浸湿了我的布鞋。你刚埋了半年多，只有圹下多出一块土，别的全然看不出新坟的样子。我和隐今夏回去，本想到你的坟上来；因为她病了没来成。我们想告诉你，五个孩子都好，我们一定尽心教养他们，让他们对得起死了的母亲——你！谦，好好儿放心安睡吧，你。

鲁迅的杂文

主讲人 李广田

杂文是散文的一种。一般说来，散文可以分为两大类：第一类就是所谓"散文"，也可以说是本位的散文；第二类也就是非本位的散文，其中有近于小说的，有近于诗的，也有近于说理的，近于说理的这一种，与其他散文的内容不同，形式也不同，这就是我们所说的杂文。新文艺作家中有很多写过杂文的，也都发生过不少的影响，而影响最大的，当然是鲁迅的杂文。

关于鲁迅的杂文，雪峰在《鲁迅论》中曾说过一句很精辟的话，他说：鲁迅的杂文是诗和政论的结合，是诗人和战士的一致的产物。说鲁迅的杂文是政论，已经不会再有人否认。鲁迅的杂文都是对当时的社会、政治而发的，由于他的深透的目光，以及他的老辣而尖刻的文字，他的杂文就成了斗争的武器，成了作肉搏战的匕首，比起堂皇的长篇大论，是更为精锐，更能一针见血的。❶ 至于说到鲁迅的杂文中有诗的成分，这一点恐怕还得加以解释。第一，我们可以说：鲁迅的杂文中含有很浓厚

◆ 鲁迅（1881—1936）：中国文学家、思想家和革命家。原名周樟寿，字豫才，后改名周树人，浙江绍兴人。早年留学日本，学习医学，后弃医从文。1909年回国，在北京大学等校任教。1918年参加编辑《新青年》，以"鲁迅"为笔名发表第一篇白话小说《狂人日记》。其他作品还有：小说集《呐喊》《彷徨》，散文集《朝花夕拾》，散文诗集《野草》，杂文集《华盖集》《且介亭杂文》《而已集》等。

◆ 雪峰：即冯雪峰（1903—1976），中国诗人、文学评论家。著有诗集《湖畔》，杂文集《乡风与市风》等。

---

❶ 见课后延展阅读：《中国人失掉自信力了吗》。

的抒情成分。本来抒情的方式很多，鲁迅的抒情方式却与一般的所谓抒情不同，无以名之，只好名之曰"鲁迅的抒情"。要找出实例，他的集子里到处都有，我们且随便举出几条来看看吧，譬如《而已集》的题辞：

> 这半年我又看见了许多血和许多泪，
> 然而我只有杂感而已。
>
> 泪揩了，血消了；
> 屠伯们逍遥复逍遥，
> 用钢刀的，用软刀的。
> 然而我只有"杂感"而已。
>
> 连"杂感"也被"放进了应该去的地方"时，
> 我于是只有"而已"而已！

又如在《华盖集续篇》的《记念刘和珍君》中说：

> 始终微笑的和蔼的刘和珍君确是死掉了，这是真的，有她自己的尸骸为证；沉勇而友爱的杨德群君也死掉了，有她自己的尸骸为证；只有一样沉勇而友爱的张静淑君还在医院里呻吟。当三个女子从容地辗转于文明人所发明的枪弹的攒射中的时候，这是怎样的一个惊心动魄的伟大啊！

在同文中他更愤慨地写道：

> 惨象，已使我目不忍视了；流言，尤使我耳不忍闻。我还有什么话可说呢？我懂得衰亡

◆《记念刘和珍君》："记念"现写作"纪念"。这是鲁迅为纪念三一八惨案请愿学生所写文章。1926年3月18日，北京各界民众为反对帝国主义侵犯我国主权，到段祺瑞执政府门前请愿，遭到残酷屠杀，二百余人死伤，刘和珍等人就是在此时遇害的。

第二课 论散文

民族之所以默无声息的缘由了。沉默呵，沉默呵！不在沉默中爆发，就在沉默中灭亡。

这样的，就是鲁迅的抒情。从这里，我们可以看出鲁迅的热诚，鲁迅的强烈的生命，以及他在读者心中所鼓舞起来的是一种什么力量。这和那些风花雪月，卿卿我我的抒情自然是毫无相似之处的。

第二，我们可以说，鲁迅的杂文是形象化的。他不但在杂文中告诉给读者一些正确的观点，还使读者眼前立刻能浮起一些具体而生动的形象，就像我们读小说一样。譬如他说猫是"媚态的猫"，说狗是"比主人还更厉害的狗"，或是"像猫一样的**叭儿狗**"，说蚊子，则是"吸人的血还要预先哼哼地发一大套议论"，说苍蝇，则是"嗡嗡地闹了半天，停下来舐一点油汗，还要拉上一点蝇矢"。而这所谓猫、狗、苍蝇、蚊子者，实在又只是指某类人物而言。说到我们的历史，我们的社会，则是："大小无数的人肉的筵宴，即从有文明以来一直排到现在，人们就在这会场中吃人，被吃，以凶人的愚妄的欢呼，将悲惨的弱者的呼号遮掩，更不消说女人和小儿。这人肉的筵宴现在还排着，有许多人还想一直排下去……扫荡这些食人者，掀掉这筵席，毁掉这厨房。"这一些，都是具体的形象创造，而且都是把握了一切现象中的本质的具体表现，较之只说空话，自然又完全不同。

鲁迅的杂文是诗的，是政论的，又因为他的文字之深刻与含蓄而表现为一种特殊的强力，所以我们百读不厌，我们每次读它，都感觉到那种热辣辣

◆叭儿狗：鲁迅杂文集《坟》中的《论"费厄泼赖"应该缓行》写道："叭儿狗一名哈吧狗……它却虽然是狗，又很像猫，折中，公允，调和，平正之状可掬，悠悠然摆出别个无不偏激，惟独自己得了'中庸之道'似的脸来。"

的鼓舞，而绝不会像普通议论文尤其是普通政论那样使人觉得枯燥无味。至于他的杂文之使我们清楚地认识了我们的时代，这一切功绩，也不是一般的论文所可企及的。

有人以为鲁迅不写小说，而只写杂文是一件很可惜的事。其实这却不见得。因为鲁迅的杂文是应了那时社会的需要而产生的，他的杂文，在时代的意义上说，实在比小说更重要。假设鲁迅没有他的杂文，鲁迅也就不成其为鲁迅，就只"鲁迅"这两个字，今日之所以启示了那么多的意义，主要的还是由于他的杂文。鲁迅去世之后，已很少有人再写他那样的杂文，或者就因为现在的社会与过去不同，不需要这样的杂文的缘故。将来，也许有一天无论什么文都不需要了，那个，就是所谓"无言之美"的时代了。

（选自《文学枝叶》）

延展阅读

中国人失掉自信力了吗

鲁迅

从公开的文字上看起来:两年以前,我们总自夸着"地大物博",是事实;不久就不再自夸了,只希望着国联,也是事实;现在是既不夸自己,也不信国联,改为一味求神拜佛,怀古伤今了——却也是事实。

于是有人慨叹曰:中国人失掉自信力了。

如果单据这一点现象而论,自信其实是早就失掉了的。先前信"地",信"物",后来信"国联",都没有相信过"自己"。假使这也算一种"信",那也只能说中国人曾经有过"他信力",自从对国联失望之后,便把这他信力都失掉了。

失掉了他信力,就会疑,一个转身,也许能够只相信了自己,倒是一条新生路,但不幸的是逐渐玄虚起来了。信"地"和"物",还是切实的东西,国联就渺茫,不过这还可以令人不久就省悟到依赖它的不可靠。一到求神拜佛,可就玄虚之至了,有益或是有害,一时就找不出分明的结果来,它可以令人更长久的麻醉着自己。

中国人现在是在发展着"自欺力"。

"自欺"也并非现在的新东西,现在只不过日见其明显,笼罩了一切罢了。然而,在这笼罩之下,我们有并不失掉自信力的中国人在。

我们从古以来,就有埋头苦干的人,有拼命硬干的人,有为民请命的人,有舍身求法的人,……虽是等于为帝王将相作家谱的所谓"正史",也往往掩不住他们的光耀,这就是中国的脊梁。

这一类的人们，就是现在也何尝少呢？他们有确信，不自欺；他们在前仆后继的战斗，不过一面总在被摧残，被抹杀，消灭于黑暗中，不能为大家所知道罢了。说中国人失掉了自信力，用以指一部分人则可，倘若加于全体，那简直是诬蔑。

　　要论中国人，必须不被搽在表面的自欺欺人的脂粉所诓骗，却看看他的筋骨和脊梁。自信力的有无，状元宰相的文章是不足为据的，要自己去看地底下。

鲁迅像

第三课
论诗歌

诗的语言

主讲人 朱自清

一 诗是语言

普通人多以为诗是特别的东西，诗人也是特别的人。于是总觉得诗是难懂的，对它采取干脆不理的态度，这实在是诗的一种损失。其实，诗不过是一种语言，精粹的语言。

1. 诗先是口语：最初诗是口头的，初民的歌谣即是诗，口语的歌谣，是远在记录的诗之先的，现在的歌谣还是诗。今举对唱的山歌为例："你的山歌没得我的山歌多。我的山歌几篓篼。篓篼底下几个洞，唱的没有漏的多。""你的山歌没得我的山歌多。我的山歌牛毛多。唱了三年三个月，还没唱完牛耳朵。"

◆ 篼，dōu，用竹、藤、柳条等编成的盛东西的器具。

两边对唱，此歇彼继，有挑战的意味，第一句多重复，这是诗，不过是较原始的形式。

2. 诗是语言的精粹：诗是比较精粹的语言，但并不是诗人的私语，而是一般人都可以了解的。如李白《夜思》：

◆《夜思》：即《静夜思》。

> 床前明月光，疑是地上霜。
> 举头望明月，低头思故乡。

这四句诗很易懂。而且千年后仍能引起我们的共鸣。因为所写的是"人"的情感，用的是公众的语言，而不是私人的私语。孩子们的话有时很有诗味，如：

院子里的树叶已经巴掌一样大了，爸爸什么时候回来呢？

这也见出诗的语言并非诗人的私语。

二　诗与文的分界

◆押韵：指诗词等韵文为使声韵和谐，在句末用同韵之字。

1．形式不足尽凭：从表面看，似乎诗要押韵，有一定形式。但这并不一定是诗的特色。散文中有时有诗，诗中有时也有散文。

前者如：

◆"历览……由奢"：出自唐代李商隐七言律诗《咏史》。

历览前贤国与家，成由勤俭破由奢。（李商隐）

◆"向你……块肉"：出自中国近现代历史学家傅斯年的长诗《前倨后恭》。

向你倨，你也不削一块肉；向你恭，你也不长一块肉。（傅斯年）

后者如：

◆"暮春……乱飞"：出自南朝梁文学家丘迟《与陈伯之书》。

◆丘迟：即丘迟（464—508）。

暮春三月，江南草长，杂花生树。群莺乱飞。（邱迟）

◆"我们……明去"：出自傅斯年散文《一段疯话》。

我们最当敬重的是疯子，最当亲爱的是孩子。疯子是我们的老师，孩子是我们的朋友。我们带着孩子，跟着疯子走向光明去。（傅斯年）

◆"颂美……世界"：出自冰心散文《往事（一）》。

颂美黑暗。讴歌黑暗。只有黑暗能将这一切都消灭调和于虚无混沌之中。没有了人，没

第三课　论诗歌

有了我，更没有了世界。（冰心）

上面举的例子，前两个，虽是诗，意境却是散文的。后三个虽是散文，意境却是诗的。又如歌诀，虽具有诗的形式，却不是诗。如：

平声平道莫低昂，上声高呼猛烈强，去声分明哀远道，入声短促急收藏。

谚语虽押韵，也不是诗。如：

病来一大片，病去一条线。

2. 题材不足限制：题材也不能为诗、文的分界。五四时代，曾有一回"丑的字句"的讨论。有人主张"洋楼""小火轮""革命""电报"……不能入诗；世界上的事物，有许多许多——无论是少数人的，或多数人所习闻的事物——是绝对不能入诗的。但他们并没有从正面指出哪些字句是可以入诗的，而且上面所举出的事物未尝不可入诗。如邵瑞彭的词：

电掣灵蛇走，云开怪蜃沉，烛天星汉压潮音，十美灯船，摇荡大珠林。（《咏轮船》）

这能说不是"诗"吗？

3. 美无定论：如果说"美的东西是诗"，这句话本身就有语病；因为不仅是诗要美，文也要美。

大概诗与文并没有一定的界限，因时代而定。某一时代喜欢用诗来表现，某一时代却喜欢用文来表现。如，宋诗之多议论，因为宋代散文发达；这种发议论的诗也是诗。白话诗，最初是抒情的成分多，而抗战以后，则散文的成分多，但都是诗。现

◆冰心（1900—1999）：中国作家。原名谢婉莹，著有诗集《繁星》《春水》，散文集《寄小读者》等。

◆"平声……收藏"意为：平声读起来平稳，不高低起伏，上（shǎng）声要高声呼喊，声音强烈，去声读的时候要清晰，听起来像是在悲哀地远去，入声读得短促，要赶紧收住。

◆"'丑的字句'的讨论"：1922年，作家梁实秋在自己的连载文章中主张"诗的目标，是美""为艺术而艺术"，认为丑的字句不能入诗，由此引发了一场关于"丑的字句"的讨论。

◆邵瑞彭：清末民国人，曾担任北京大学等学校教授，精研《齐诗》（《诗经》今文学派之一，汉初齐人辕固生所传）。

◆"电掣……珠林"意为：闪电像灵活的蛇一样迅速划过，云彩散开，奇怪的蜃景消失了。烛光像天上的星星一样亮，压过了潮水的声音。十艘美丽的灯船，在大珠林一带摇荡。

071

在的时代还是散文时代。❶

三　诗缘情

诗是抒情的。诗与文的相对的分别，多与语言有关。诗的语言更经济，情感更丰富。达到这种目的的方法：

1. 暗示与理解：用暗示，可以用经济的字句，表示或传达出多种的意义来，也就是可以增加情感的强度。如辛稼轩的词：

> 将军百战身名裂，向河梁回头万里，故人长绝。易水萧萧西风冷，满座衣冠似雪。正壮士悲歌未彻。

这词是辛稼轩和他兄弟分别时作的，其中所引用的两个别离的故事之间没有桥梁。如果不懂得故事的意义，就不能把它们凑合起来，理解整个儿的意思，这里需要读者自己来搭桥梁，来理解它。又如朱熹的《观书有感》：

> 半亩方塘一鉴开，天光云影共徘徊。问渠"那得清如许"？"为有源头活水来"。

也完全是用暗示的方法，表示读书才能明理。

2. 比喻与组织：从上段可以看出，用比喻是

◆ 辛稼轩：即辛弃疾（1140—1207），号稼轩，南宋词人。下文所引的是辛弃疾的《贺新郎·别茂嘉十二弟》。

◆ "将军……长绝"意为：将军历经无数次战斗却落得身败名裂，在河桥边与故人分别，回头望去，相隔万里，从此与故人永别。这一句引用的是西汉李陵送别苏武的典故。李陵是西汉名将李广之孙，曾多次抗击匈奴，后因寡不敌众战败投降。苏武则是汉朝派往匈奴的使节，被扣押多年仍坚守气节。苏武归汉时，两人于河梁分别。

◆ "易水……未彻"意为：易水岸边，风声萧萧，西风寒冷，满座送行人的衣帽都像雪一样洁白。正是壮士慷慨悲歌尚未结束的时候。这一句引用的是荆轲刺秦前在易水辞别的典故。史载，荆轲出发刺秦时，燕太子丹及高渐离等人在易水为其送行，高渐离击筑，荆轲和而歌曰："风萧萧兮易水寒，壮士一去兮不复还！"

---

❶ 散文诗，兼有散文和诗的一种现代抒情文学体裁。有诗的意境，但як散文不分行，不押韵，短小灵活，是适应近现代人们敏感多思、复杂缜密的心理特征而发展起来的，其中影响力最大的是鲁迅的散文诗集《野草》。详见课后延展阅读：《题辞》《这样的战士》。

最经济的办法，一个比喻可以表达好几层意思。但读诗时，往往会觉得比喻难懂。比喻又可分：

（1）人事的比喻：比较容易懂。

（2）历史的比喻（典故）：比较难懂。

新诗中用比喻的例子，如卞之琳的《音尘》：

绿衣人熟稔的按门铃，
就按在住户的心上；
是游过黄海来的鱼？
是飞过西伯利亚来的雁？
"翻开地图看"这人说。
他指示我他所在的地方，
是那条虚线旁那个小黑点。
如果那是金黄的一点，
如果我的坐椅是泰山顶，
在月夜，我要猜你那儿，
准是一个孤独的火车站。
然而我正对着一本历史书，
西望夕阳里的咸阳古道，
我等到了一匹快马的蹄音。

在这首诗里，作者将那个小黑点形象化，具体化，用了"鱼"和"雁"的典故，又用了"泰山"和"火车站"作比喻，而"夕阳""古道"，来自李白《忆秦娥》："乐游原上清秋节，咸阳古道音尘绝。音尘绝，西风残照，汉家陵阙"，也是一种比喻，用古人的伤别的情感喻自己的情感。

诗中的比喻有许多是诗人自己创造出来的，他们从经验中找出一些新鲜而别致的东西来作比喻。

◆《音尘》：描写的是近现代生活中一个常见的收取邮件的情境。

◆稔，rěn。熟稔：十分熟悉。

◆"'鱼'和'雁'的典故"："鱼"和"雁"在中国古典文学中代指书信或传递书信的人。也可合称为"鱼雁"。

◆忆秦娥：词牌名，相传李白首制此词，词牌名即来自词中的"秦娥梦断秦楼月"一句。词牌是词的曲调名称，最初的词是配合音乐来歌唱的，后来依调填词，曲调名和词的内容不一定有联系，且大多数也不再配乐歌唱，词牌名就只作为词的格律定式而存在。

◆"乐游……陵阙"意为：在乐游原上正是清秋佳节登高游览的好时节，然而咸阳的古道上，亲人的音信全无。音信全无，只有在西风萧瑟、残阳斜照中，那汉家的陵墓和宫阙静默矗立着。

如：陈散原先生的"乡县酱油应染梦"，"酱油"亦可创造比喻。可见只要有才，新警的比喻是俯拾即是的。

四　组织

1. 韵律：诗要讲究音节，旧诗词中更有人主张某种韵表示某种情感者，如周济《宋四家词选叙论》：

  阳声字多则沉顿，阴声字多则激昂，重阳间一阴，则柔而不靡，重阴间一阳，则高而不危。

  东、真韵宽平，支、先韵细腻，鱼、歌韵缠绵，萧、尤韵感慨，各具声响。

2. 句式的复沓与倒置：因为诗是发抒情感的，而情感多是重复迂回的，如古诗十九首：

  行行重行行，与君生别离。
  相去万馀里，各在天一涯。
  道路阻且长，会面安可知。
  ……

这几句都表示同一意思——相隔之远——，可算一种复沓。句式的复沓又可分字重与意重。前者较简单，后者较复杂。歌谣与故事亦常用复沓，因为复沓可以加强情调，且易于记诵。如李商隐诗：

  君问归期未有期，巴山夜雨涨秋池；何当共剪西窗烛，却话巴山夜雨时。

◆陈散原：即陈三立（1853—1937），号散原，清末民国时期诗人。

◆俯拾即是：俯身就能拾到，形容数量多，随处可得。

◆周济（1781—1839）：清词人、词论家。

◆《宋四家词选叙论》：应为《宋四家词选》序论。

◆复沓：诗歌中常用的章法结构，包括重章和叠句两种，源自《诗经》。重章指诗歌各章字句基本相同，只变换个别字词，或者重复强调某种情感。叠句是在各章中反复叠用相同诗句。重章和叠句既可同时在同一首诗歌中运用，也可单独运用。

◆古诗十九首：组诗。南朝梁文学家萧统从传世无名氏"古诗"中选录十九首编入《文选》，题为《古诗十九首》，列在"杂诗"类之首。下文所引为《古诗十九首》中的第一首。

◆"君问……雨时"：出自李商隐《夜雨寄北》。

这也是复沓，但比较的曲折了。

新诗如杜运燮《滇缅公路》：

……路永远使我们兴奋，

都来歌唱呵，

这是重要的日子，

幸福就在手头。

看它，

风一样有力，

航行绿色的田野，

蛇一样轻灵，

从茂密的草木间盘上高山的背脊，

飘在云流中，

而又鹰一般敏捷，

画几个优美的圆弧，

降落下箕形的溪谷，

倾听村落里安息前欢愉的匆促，

轻烟的朦胧中，

溢着亲密的呼唤，

人性的温暖。

有时更懒散，

沿着水流缓缓走向城市，

而就在粗糙的寒夜里，

荒冷向空洞，

也一样负着全民族的食粮，

载重车的黄眼满山搜索，

搜索着跑向人民的渴望；

沉重的橡皮轮不绝的滚动着，人民兴奋的

◆ 杜运燮（1918—2002）：中国诗人。是中国新诗史上现代主义的重要流派——九叶诗派的代表诗人之一。他的成名作《滇缅公路》写于1942年诗人在西南联大外文系读书期间，得到了老师朱自清、闻一多等人的赏识。

脉搏，
　　像一块石子一样，
　　觉得为胜利尽忠而骄傲；
　　微笑了，在满足向微笑着的星月下面，微笑了，
　　在豪华的凯旋日子的好梦里……

一方面用比喻使许多事物形象化，具体化；一方面写全民族的情感，仍不离诗的复沓的原则：复沓地写民族抗战的胜利。

句式之倒置：在引起注意。如：
　　竹喧归浣女。

3. 分行：分行则句子的结构可以紧凑一点，可以集中读者的边际注意。

诗的用字须经济。如王维的：
　　<mark>大漠孤烟直，长河落日圆。</mark>

十字，是一幅好画，但比画表现得多，因为这两句诗中的"直""圆"是动的过程，画是无法表现的。

◆ "大漠……日圆"：出自《使至塞上》。

五　传达与了解

1. 传达是不完全的：诗虽不如一般人所说的难懂，但表达时，不是完全的。如比喻，或<mark>用典</mark>时往往不能将意思或情感全传达出来。

2. 了解也是不完全的：因为读者读诗时的心情，和周遭的情景，对读者对诗的了解都有影响。往往因心情或情景的不同，了解也不同。

◆ 用典：词的写作技法之一。指在词作中引用前人的成语、传说或典故等。北宋末年以后盛行。辛弃疾尤其擅长用典。

诗究竟是不是如一般人所说的带有神秘性，有无限可能的解释呢？这是很不容易回答的。但有一点可以说：我们不能离开字句及全诗的连贯去解释诗。

（选自《朱自清说诗》）

延展阅读

题　辞

鲁　迅

当我沉默着的时候，我觉得充实；我将开口，同时感到空虚。

过去的生命已经死亡。我对于这死亡有大欢喜，因为我借此知道它曾经存活。死亡的生命已经朽腐。我对于这朽腐有大欢喜，因为我借此知道它还非空虚。

生命的泥委弃在地面上，不生乔木，只生野草，这是我的罪过。

野草，根本不深，花叶不美，然而吸取露，吸取水，吸取陈死人的血和肉，各各夺取它的生存。当生存时，还是将遭践踏，将遭删刈，直至于死亡而朽腐。

但我坦然，欣然。我将大笑，我将歌唱。

我自爱我的野草，但我憎恶这以野草作装饰的地面。

地火在地下运行，奔突；熔岩一旦喷出，将烧尽一切野草，以及乔木，于是并且无可朽腐。

但我坦然，欣然。我将大笑，我将歌唱。

天地有如此静穆，我不能大笑而且歌唱。天地即不如此静穆，我或者也将不能。我以这一丛野草，在明与暗，生与死，过去与未来之际，献于友与仇，人与兽，爱者与不爱者之前作证。

为我自己，为友与仇，人与兽，爱者与不爱者，我希望这野草的死亡与朽腐，火速到来。要不然，我先就未曾生存，这实在比死亡与朽腐更其不幸。

去罢，野草，连着我的题辞！

这样的战士

鲁　迅

要有这样的一种战士——

已不是蒙昧如非洲土人而背着雪亮的毛瑟枪的；也并不疲惫如中国绿营兵而却佩着盒子炮。他毫无乞灵于牛皮和废铁的甲胄；他只有自己，但拿着蛮人所用的，脱手一掷的投枪。

他走进无物之阵，所遇见的都对他一式点头。他知道这点头就是敌人的武器，是杀人不见血的武器，许多战士都在此灭亡，正如炮弹一般，使猛士无所用其力。

那些头上有各种旗帜，绣出各样好名称：慈善家，学者，文士，长者，青年，雅人，君子……。头下有各样外套，绣出各式好花样：学问，道德，国粹，民意，逻辑，公义，东方文明……。

但他举起了投枪。

第三课 论诗歌

他们都同声立了誓来讲说,他们的心都在胸膛的中央,和别的偏心的人类两样。他们都在胸前放着护心镜,就为自己也深信心在胸膛中央的事作证。

但他举起了投枪。

他微笑,偏侧一掷,却正中了他们的心窝。

一切都颓然倒地;——然而只有一件外套,其中无物。无物之物已经脱走,得了胜利,因为他这时成了戕害慈善家等类的罪人。

但他举起了投枪。

他在无物之阵中大踏步走,再见一式的点头,各种的旗帜,各样的外套……。

但他举起了投枪。

他终于在无物之阵中老衰,寿终。他终于不是战士,但无物之物则是胜者。

在这样的境地里,谁也不闻战叫:太平。

太平……。

但他举起了投枪!

主讲人 朱自清

诗与感觉

诗也许比别的文艺形式更依靠想象，所谓远，所谓深，所谓近，所谓妙，都是就想象的范围和程度而言。想象的素材是感觉，怎样玲珑缥缈的空中楼阁都建筑在感觉上。感觉人人有，可是或敏锐，或迟钝，因而有精粗之别。而各个感觉间交互错综的关系，千变万化，不容易把捉，这些往往是稍纵即逝的。偶尔把捉着了，要将这些组织起来，成功一种可以给人看的样式，又得有一番工夫，一副本领。这里所谓可以给人看的样式便是诗。

从这个立场看新诗，初期的作者似乎只在大自然和人生的悲剧里去寻找诗的感觉。大自然和人生的悲剧是诗的丰富的泉源，而且一向如此，传统如此。这些是无尽宝藏，只要眼明手快，随时可以得到新东西。但是花和光固然是诗，花和光以外也还有诗，那阴暗，潮湿，甚至霉腐的角落儿上，正有着许多未发现的诗。实际的爱固然是诗，假设的爱也是诗。山水田野里固然有诗，灯红酒酽里固然有诗，任一些颜色，一些声音，一些香气，一些味觉，一些触觉，也都可以有诗。惊心怵目的生活里固然有诗，平淡的日常生活里也有诗。发现这些未

◆酽，yàn，汁味浓厚。

第三课　论诗歌

发现的诗，第一步得靠敏锐的感觉，诗人的触角得穿透熟悉的表面向未经人到的底里去。那儿有的是新鲜的东西。闻一多❶、徐志摩❷、李金发、……❸冯乃超、戴望舒各位先生都曾分别向这方面努力。而卞之琳、冯至两位先生更专向这方面发展，他们走得更远些。

假如我们说冯先生是在平淡的日常生活里发现了诗，我们可以说卞先生是在微细的琐屑的事物里发现了诗。他的《十年诗草》里处处都是例子，但这里只能举一两首。

　　淘气的孩子，有办法：
　　叫游鱼啮你的素足，
　　叫黄鹂啄你的指甲，
　　野蔷薇牵你的衣角……

　　白蝴蝶最懂色香味，
　　寻访你午睡的口脂。
　　我窥候你渴饮泉水，
　　取笑你吻了你自己。

　　我这八阵图好不好？
　　你笑笑，可有点不妙，
　　我知道你还有花样！

◆李金发（1900—1976）：中国诗人、雕塑家。中国象征诗派的开创者。

◆冯乃超（1901—1983）：中国作家。著有诗集《红纱灯》等。

◆戴望舒（1905—1950）：中国诗人。代表作有诗歌《雨巷》《我的记忆》，诗集《望舒草》《灾难的岁月》等。

◆冯至（1905—1993）：中国诗人、学者，曾在西南联大任教。被鲁迅誉为"中国最为杰出的抒情诗人"。

◆《十年诗草》：卞之琳自编诗集，是其20世纪30年代诗歌创作的"诗总集"。共分四辑，包括《音尘集》《音尘集外》《装饰集》《慰劳集》。

◆啮，niè，撕咬。

---

❶ 见课后延展阅读：《红烛》。
❷ 见课后延展阅读：《再别康桥》。
❸ 此处有删减。

哈哈！到底算谁胜利？
你在我对面的墙上
写上了"我真是淘气"。（《淘气》，《装饰集》）

这是十四行诗。三四段里活泼的调子。这变换了一般十四行诗的严肃，却有它的新鲜处。这是情诗，蕴藏在"淘气"这件微琐的事里。游鱼的啮，黄鹂的啄，野蔷薇的牵，白蝴蝶的寻访，"你吻了你自己"，便是所谓"八阵图"；而游鱼，黄鹂，野蔷薇，白蝴蝶都是"我""叫"它们去做这样那样的，"你吻了你自己"，也是"我"在"窥候"着的，"我这八阵图"便是治"淘气的孩子"——"你"——的"办法"了。那"啮"，那"啄"，那"牵"，那"寻访"，甚至于那"吻"，都是那"我"有意安排的，那"我"其实在分享着这些感觉。陶渊明《闲情赋》里道：

> 愿在丝而为履，附素足以周旋；
> 悲行止之有节，空委弃于床前。
> 愿在昼而为影，常依形而西东；
> 悲高树之多阴，慨有时而不同。

感觉也够敏锐的。那亲近的愿心其实跟本诗一样，不过一个来得迫切，一个来得从容罢了。"你吻了你自己"也就是"你的影子吻了你"，游鱼、黄鹂、野蔷薇、白蝴蝶也都是那"你"的影子。凭着从游鱼等等得到的感觉去想象"你"，或从"你"得到的感觉叫"我"想象游鱼等等；而"我"又"叫"游鱼等等去做这个那个，"我"便也分享这

◆十四行诗：西方文学中特有的一种抒情诗体。诗行总数为十四行，有固定的音律。20世纪20年代传入中国，冯至的《十四行集》是其代表作之一。

◆"愿在……不同"意为：希望变成丝线做成鞋子，附在脚上四处走动；可悲的是举止有节制，最终还是被丢弃在床前。希望在白天成为影子，常常依傍着身形不论西东；可悲的是高大的树木多有树荫，遗憾有时会不能相随。

第三课 论诗歌

个那个。这已经是高度的交互错综，而"我"还分享着"淘气"。"你""写下了""我真是淘气"，是"你""真是淘气"，可是"我对面"读这句话，便成了"'我'真是淘气"了。那治"淘气的孩子"——"你"——的"八阵图"，到底也治了"我"自己。"到底算谁胜利？"瞧"我"为了"你"这么颠颠倒倒的！这一个回环复沓不是钟摆似的来往，而是螺旋似的钻进人心里。

◆ "'你'……倒的！"：朱自清在《论雅俗共赏》一书的序言中提到，自己最初只想到自认淘气的一层，后经卞之琳指出，才加以改正。

《白螺壳》诗（《装饰集》）里的"你""我"也是交互错综的一例。

　　空灵的白螺壳，你，
　　孔眼里不留纤尘，
　　漏到了我的手里，
　　却有一千种感情：
　　掌心里波涛汹涌，
　　我感叹你的神工，
　　你的慧心啊，大海，
　　你细到可以穿珠！
　　可是我也禁不住：
　　你这个洁癖啊，唉！（第一段）

　　玲珑，白螺壳，我？
　　大海送我到海滩，
　　万一落到人掌握，
　　愿得原始人喜欢，
　　换一只山羊还差
　　三十分之二十八；

083

> 倒是值一只蟠桃。
> 怕给多思者检起,
> 空灵的白螺壳,你
> 卷起了我的愁潮!(第三段)

这是理想的人生(爱情也在其中),蕴藏在一个微琐的白螺壳里。"空灵的白螺壳""却有一千种感情",象征着那理想的人生——"你"。"你的神工""你的慧心"的"你"是"大海","你细到可以穿珠"的"你"又是"慧心",而这些又同时就是那"你"。"我"?"大海送我到海滩"的"我",是代白螺壳自称,还是那"你"。最愿老是在海滩上,"万一落到人掌握",也只"愿得原始人喜欢",因为自己一点用处没有——换山羊不成,"值一只蟠桃",只是说一点用处没有。原始人有那股劲儿,不让现实纠缠着,所以不在乎这个。只"怕给多思者检起",怕落到那"我的手里"。可是那"多思者"的"我""检起"来了,于是乎只有叹息:"你卷起了我的愁潮!""愁潮"是现实和理想的冲突,而"潮"原是属于"大海"的。

> 请看这一湖烟雨
> 水一样把我浸透,
> 象浸透一片鸟羽。
> 我仿佛一所小楼
> 风穿过,柳絮穿过,
> 燕子穿过象穿梭,
> 楼中也许有珍本,

◆检起:同"捡起"。

◆"这是……其中":朱自清在《论雅俗共赏》序言中提到,自己早先以为《白螺壳》是情诗;后卞之琳指出,也象征着人生的理想与现实,于是改正。

书叶给银鱼穿织
从爱字通到哀字——
出脱空华不就成！（第二段）

我梦见你的阑珊：
檐溜滴穿的石阶，
绳子锯缺的井栏……
时间磨透于忍耐！
黄色还诸小鸡雏，
青色还诸小碧梧，
玫瑰色还诸玫瑰，
可是你回顾道旁，
柔嫩的蔷薇刺上
还挂着你的宿泪。（第四段完）

从"波涛汹涌"的"大海"想到"一湖烟雨"，太容易"浸透"的是那"一片鸟羽"。从"一湖烟雨"想到"一所小楼"，从"穿珠"想到"风穿过，柳絮穿过，燕子穿过象穿梭"，以及"书叶给银鱼穿织"，而"珍本"又是从藏书楼想到的。"从爱字通到哀字"，"一片鸟羽"也罢，"一所小楼"也罢，"楼中也许有"的"珍本"也罢，"出脱空华（花）"，一场春梦！虽然"时间磨透于忍耐"，还只"梦见你的阑珊"。于是"黄色还诸小鸡雏……"，"你"是"你"，现实是现实，一切还是一切。可是"柔嫩的蔷薇刺上"带着宿雨，那是"你的宿泪"。"你""有一千种感情"，只落得一副眼泪，这又有什么用呢？那"宿泪"终于会干枯的。这首诗和前一首都不显示从感觉生想象的痕迹，看去只是想象中一些感觉，安排成功复杂的样式。——"黄色还诸小鸡雏"等三行可以和冯至先生的

> 铜炉在向往深山的矿苗，
> 瓷壶在向往江边的陶泥，
> 它们都象风雨中的飞鸟
> 各自东西。（《十四行集》，二一）

对照着看，很有意思。

《白螺壳》诗共四段，每段十行，每行一个单音节，三个双音节，共四个音节。这和前一首都是所谓"匀称""均齐"的形式。卞先生是最努力创造并输入诗的形式的人，《十年诗草》里存着的自由诗很少，大部分是种种形式的试验，他的试验可以说是成功的。他的自由诗也写得紧凑，不太参差，也见出感觉的敏锐来，《距离的组织》便是一例。他的《三秋草》里还有一首《过路居》，描写北平一间人力车夫的茶馆，也是自由诗，那些短而精悍的诗行由会话组成，见出平淡的生活里蕴藏着的悲喜剧。那是近乎人道主义的诗。

（选自《朱自清全集》第二卷）

◆《三秋草》：卞之琳第一本诗集，1933年出版。

> 延展阅读

红 烛

闻一多

蜡炬成灰泪始干
——李商隐

红烛啊!
这样红的烛!
诗人啊!
吐出你的心来比比,
可是一般颜色?

红烛啊!
是谁制的蜡——给你躯体?
是谁点的火——点着灵魂?
为何更须烧蜡成灰,
然后才放光出?
一误再误;
矛盾!冲突!

红烛啊!
不误,不误!
原是要"烧"出你的光来——
这正是自然的方法。

红烛啊!

既制了，便烧着！
烧吧！烧吧！
烧破世人的梦，
烧沸世人的血——
也救出他们的灵魂，
也捣破他们的监狱！

红烛啊！
你心火发光之期，
正是泪流开始之日。

红烛啊！
匠人造了你，
原是为烧的。
既已烧着，
又何苦伤心流泪？
哦！我知道了！
是残风来侵你的光芒，
你烧得不稳时，
才着急得流泪！

红烛啊！
流吧！你怎能不流呢？
请将你的脂膏，
不息地流向人间，
培出慰藉的花儿，
结成快乐的果子！

红烛啊!
你流一滴泪,灰一分心。
灰心流泪你的果,
创造光明你的因。

红烛啊!
"莫问收获,但问耕耘。"

再别康桥
徐志摩

轻轻的我走了,
　正如我轻轻的来;
我轻轻的招手,
　作别西天的云彩。

那河畔的金柳,
　是夕阳中的新娘;
波光里的艳影,
　在我的心头荡漾。

软泥上的青荇,
　油油的在水底招摇:
在康河的柔波里,

我甘心做一条水草！

那榆荫下的一潭，
　　不是清泉，是天上虹
揉碎在浮藻间，
　　沉淀着彩虹似的梦。

寻梦？撑一支长篙，
　　向青草更青处漫溯，
满载一船星辉，
　　在星辉斑斓里放歌。

但我不能放歌，
　　悄悄是别离的笙箫；
夏虫也为我沉默，
　　沉默是今晚的康桥！

悄悄的我走了，
　　正如我悄悄的来；
我挥一挥衣袖，
　　不带走一片云彩。

再别康桥

诗　韵

主讲人 朱自清

新诗开始的时候，以解放相号召，一般作者都不去理会那些旧形式。押韵不押韵自然也是自由的。不过押韵的并不少。到现在通盘看起来，似乎新诗押韵的并不比不押韵的少得很多。再说旧诗词曲的形式保存在新诗里的，除少数句调还见于初期新诗里以外，就没有别的，只有韵脚。这值得注意。新诗独独的接受了这一宗遗产，足见中国诗还在需要韵，而且可以说中国诗总在需要韵。原始的中国诗歌也许不押韵，但是自从押了韵以后，就不能完全甩开它似的。韵是有它的存在的理由的。

韵是一种复沓，可以帮助情感的强调和意义的集中。至于带音乐性，方便记忆，还是次要的作用。从前往往过分重视这种次要的作用，有时会让音乐淹没了意义，反觉得浮滑而不真切。即如中国读诗重读韵脚，有时也会模糊了全句；近体律绝声调铿锵，更容易如此。幸而一般总是隔句押韵，重读的韵脚不至于句句碰头。句句碰头的像"柏梁体"的七言古诗①，逐句押韵，一韵到底，虽然

◆ 近体律绝：指近体诗，是唐代以来形成的律诗和绝句的通称，与古体诗相对而言。近体诗格律较为严格。

◆ 柏梁体：七言诗体的一种。相传汉武帝在柏梁台上和群臣联句赋诗，每人一句，每句用韵。开七言诗之先河。早期七言古诗都是句句用韵，南北朝时期开始改变。

---

① 见课后延展阅读：《燕歌行二首（其一）》。

第三课　论诗歌

是强调，却不免单调。所以这一体不为人所重。新诗不应该再重读韵脚，但习惯不容易改，相信许多人都还免不了这个毛病。我读老舍先生的《剑北篇》，就因为重读韵脚的原故，失去了许多意味；等听到他自己按着全句的意义朗读，只将韵脚自然地带过去，这才找补了那些意味。——不过这首诗每行押韵，一韵又有许多行，似乎也嫌密些。

　　有人觉得韵总不免有些浮滑，而且不自然。新诗不再为了悦耳；它重在意义，得采用说话的声调，不必押韵。这也言之成理。不过全是说话的声调也就全是说话，未必是诗。英国约翰·德林瓦特（John Drinkwater）曾在《论读诗》的一张留声机片中说全用说话调读诗，诗便跑了。是的，诗该采用说话的调子，但诗的自然究竟不是说话的自然，它得加减点儿，夸张点儿，像电影里特别镜头一般，它用的是提炼的说话的调子。既是提炼而得自然，押韵也就不至于妨碍这种自然。不过押韵的样式得多多变化，不可太密，不可太板，不可太响。

　　押韵不可太密，上文已举"柏梁体"为例。就是隔句押韵，有些人还恐怕单调，于是乎有转韵的办法；这用在古诗里，特别是七古里。五古转韵，因为句子短，隔韵近，转韵求变化，道理明白。但七古句子长，韵隔远，为什么转韵的反而多呢？这有特别的理由。原来六朝到唐代七古多用谐调，平仄铿锵，带音乐性已经很多，转韵为的是怕音乐性过多。后来宋人作七古，多用散文化的句调，却怕音乐性过少，便常一韵到底，不换韵。所以韵的作

◆老舍（1899—1966）：中国作家。原名舒庆春，字舍予，北京人，满族。著有长篇小说《骆驼祥子》《四世同堂》，剧本《龙须沟》《茶馆》等。

◆《剑北篇》：长篇叙事诗，创作于抗战期间。老舍曾自述此诗"用韵设词，多取法旧规，为新旧相融的试验"。

◆约翰·德林瓦特：今译作约翰·德林克沃特。英国诗人、戏剧家、评论家。

◆平仄：古汉语字调的平声和仄声。

◆《河传》：词牌名。下文中的《水调歌头》和《酒泉子》也是词牌名。
◆平仄通押：在同一作品中，只要是同属一个韵部的字，都可选择作为韵脚字，而不管其是平声仄声。
◆贺铸（1052—1125）：北宋词人。好以旧谱填新词而改易其名，谓之"寓声"。
◆温庭筠（约801—866）：唐诗人、词人。原名岐，字飞卿。与李商隐齐名，称"温李"。词有"花间鼻祖"之称，与韦庄并称"温韦"。作品大多收入《花间集》。
◆簪，zān，通"簪"。
◆髻，jì，挽束在头顶的头发。
◆《词律》：清代词谱类著作，由万树编著。此类著作的内容主要是介绍各种填词的规则和词调来源，给填词者提供依据，《词律》是这一类著作中的集大成者。
◆章韵：多章多节式诗中，每个章节用一个韵。代表作有徐志摩的《雪花的快乐》。

用，归根结底，还是随着意义变的。我们就韵论韵，只是一种方便，得其大概罢了，并没有什么铁律可言。词的句调比较近于说话，变化多，转韵也多。可是词又出于乐歌，带着很多的音乐性，所以一般地看，用韵比较密。它以转韵调剂密韵，显明的例子如《河传》。还有一种平仄通押（如贺铸《水歌调头》[1] "南国本潇洒，六代竞豪奢"一首，见《东山寓声乐府》）也是转韵；变化虽然不及一般转韵的大，却能保存着那一韵到底的一贯的气势，是这一体的长处。曲的句调也近于说话，但以明快为主，并因乐调的配合，都是到底一韵。不过平仄通押是有的。

词的押韵的样式最多，它还有间韵。如温庭筠的《酒泉子》道：

楚女不归，
楼枕小河春水。
月孤明，风又起，
杏花稀。

玉钗斜簪云鬓髻，
裙上镂金凤。
八行书，千里梦，
雁南飞。

（据《词律》卷三）

这里间隔的错综的押着三个韵，很像新诗；而那"稀"和"飞"两韵，简直就是新诗的"章韵"。

---

[1] 见课后延展阅读：《台城游·水歌调头》。

又如苏轼的《水调歌头》的前半阕道：

> 明月几时有？把酒问青天。
> 不知天上宫阙今夕是何年！
> 我欲乘风归去，
> 又恐琼楼玉宇，
> 高处不胜寒。
> 起舞弄清影，何似在人间！

（据任二北先生《词学研究法》，与《词律》异）

这也是间隔着押两个韵。这些都是转韵，不过是新样式罢了。

诗里早有人试过间韵。晚唐章碣有所谓"变体"律诗，平仄各一韵，就是这个：

> 东南路尽吴江畔，
> 正是穷愁暮雨天。
> 鸥鹭不嫌斜两岸，
> 波涛欺得逆风船。
> 偶逢岛寺停帆看，
> 深羡渔翁下钓眠。
> 今古若论英达算，
> 鸱夷高兴固无边。

（《全唐诗》四函一册）

章碣"变体"只存这一首，也不见别人仿作，可见并未发生影响。他的试验是失败了。失败的原因，我想是在太板太密。新诗里常押这种间韵，但是诗行节奏的变化多，行又长，就没有什么毛病了。间韵还可以跨句。如上举《酒泉子》的"起"韵，《水调》的"宇"韵，都不在意义停

◆任二北：即任中敏（1897—1991），笔名二北。中国戏曲史家、戏曲理论家。

◆"偶逢……无边"意为：偶遇岛寺停帆观看，深深地羡慕渔夫能够在半梦半醒中悠然下钓。如果从古至今谈论英雄豪杰的通达谋略，范蠡功成身退的愉悦之情确实无边无际。算，suàn，同"算"，谋划。鸱，chī。鸱夷，即春秋末期辅佐越王勾践灭吴的范蠡，自号"鸱夷子皮"。

◆《全唐诗》：中国唐诗总集，清初季振宜编。康熙时以此为底本，彭定求等人又奉敕编修，同样称作《全唐诗》；又因此版有康熙作序，也称《钦定全唐诗》。

顿的地方，得跟下面那个不同韵的韵句合成一个意义单位。这是减轻韵脚的重量，增加意义的重量，可以称为跨句韵。这个样式也从诗里来，鲍照是创始的人。如他的《梅花落》诗道：

> 中庭杂树多，偏为梅咨嗟。问君何独然？
> 念其霜中能作花；霜中能作实，摇荡春风媚春日。念尔零落逐寒风，徒有霜华无霜质！

"实"韵正是跨句韵；但这首诗只是转韵，不是间韵。现在新诗里用间韵很多，用这种跨句韵也不少。

任二北先生在《词学研究法》里论"谐于吟讽之律"，以为押韵"连者密者为谐"。他以为《酒泉子》那样押韵嫌"隔"而不连，《西平乐》后半阕"十六句只三叶韵"，嫌"疏"而不密。他说这些"于歌唱之时，容或成为别调，若于吟讽之间，则皆无取焉"。他虽只论词，但喜欢连韵和密韵，却代表着传统的一般的意见。我们一向以高响的说话和歌唱为"好听"（见王了一先生《甚么话好听》一文，《国文月刊》），所以才有这个意见。但是现代的生活和外国的影响磨锐了我们的感觉；我们尤其知道诗重在意义，不只为了悦耳。那首《酒泉子》的韵倒显得新鲜而不平凡，那《西平乐》一调的疏韵也别有一种"谐"处。《词律拾遗》卷六收吴文英的《西平乐》一首，后半阕十六句中有十三个四字短句。这种句式的整齐复沓也是一种"谐"，可以减少韵的负担。所以"十六句三叶韵"并不为少。

这种疏韵除利用句式的整齐复沓外，还可与句

◆鲍照（约414—466）：南朝宋文学家。

◆咨嗟：叹息；赞叹。

◆"念尔……霜质！"意为：可怜别的树被寒风吹落，只有霜花一样的美丽外表，却没有耐寒的本质。

◆《西平乐》：一名《西平乐慢》。词牌名。有平韵仄韵二体。

◆"于歌……取焉"意为：在歌唱的时候，可能会成为一种独特的腔调，但在吟诵的时候，那都是不合适的、不可取的。

◆王了一：即王力（1900—1986），字了一，中国语言学家。为汉语从传统语言学向现代语言学的发展做出了卓越贡献。

◆《国文月刊》：1940年，西南联大为"促进国文教学以及补充青年学子自修国文的材料"而创办的刊物。

◆《词律拾遗》：清朝徐本立所撰的一部词学著作。

◆吴文英（约1212—约1272）：南宋词人。在词的艺术技巧和词体的丰富方面贡献较多。

第三课　论诗歌

中韵（内韵）和双声叠韵等合作，得到新鲜的和谐。疏韵和间韵都有点儿"哑"，但在哑的严肃里，意义显出了重量。新诗逐行押韵的比较少，大概总是隔行押韵或押间韵。新诗行长，这就见得韵隔远，押韵疏了。间韵能够互相调谐，从十四行体的流行可知，隔行押韵，也许加点儿花样更和谐些。新诗这样减轻了韵脚的分量，只是我们有时还不免重读韵脚的老脾气。这得靠朗读运动来矫正。新诗对于韵的态度，是现代生活和外国诗的影响，前已提及。但这新种子，如本篇所叙，也曾在我们的泥土里滋长过，只不算欣欣向荣罢了。所以这究竟也是自然的发展。

　　作旧诗词曲讲究选韵。这就是按着意义选押合宜的韵——指韵部，不指韵脚。周济《宋四家词选》序论中说到各韵部的音色，就是为的选韵。他道：

　　　　"东""真"韵宽平，"支""先"韵细腻，"鱼""歌"韵缠绵，"萧""尤"韵感慨，各具声响，莫草草乱用。

这只是大概的说法，有时很得用，但不可拘执不化。因为组成意义的分子很多，韵只居其一，不可给予太多的分量。韵部的音色固然可以帮助意义的表现，韵部的通押也有这种作用，而后者还容易运用些。作新诗不宜全押本韵，全押本韵嫌太谐太响。参用通押，可以哑些，所谓"不谐之谐"（现代音乐里也参用不谐的乐句，正同一理）；而且通押时供选择的韵字也增多。不过现在的新诗作者，押韵并

◆ 双声：两个字的声母相同的现象。如普通话的"流连"，声母同是"l"。

◆ 叠韵：两个字的韵腹和韵尾相同的现象。如普通话中的"徘徊"，韵腹同是"a"，韵尾同是"i"。由于古今语音、各地语音等的差异，判断双声和叠韵不能一概而论。

◆ 韵部：古代韵书中，把同韵的字归为一类，每一类称为一个韵部。

◆ 东：古代诗词韵部的名称。其后的"真""支""先""鱼""歌""萧""尤"也是同样情况。

◆ 蓝青：比喻不纯粹。
蓝青官话：旧称夹杂别地口音的北京话。

◆ 多字韵：行尾押韵的不是一个字，而是两个字，甚至更多。

不查诗韵，只以自己的 蓝青官话 为据，又常平仄通押，倒是不谐而谐的多。不过"谐韵"也用得着。这里得提到教育部制定的《中华新韵》。这是一部标准的国音韵书，里面注明通韵；要谐，押本韵，要不谐，押通韵。有本韵书查查，比自己想韵方便得多。作方言诗自然可用方音押韵，也很新鲜别致的。新诗又常用"多字韵"或带轻音字的韵，有一种轻快利落的意味，这也在减少韵脚的重量。胡适之先生的"了字韵"[1]创始于新诗的"多字韵"，但他似乎用得太多。

现在举卞之琳先生《傍晚》这首短诗，显示一些不平常的押韵的样式。

倚着西山的夕阳
和呆立着的庙墙
对望着：想要说什么呢？
又怎么不说呢？

驮着老汉的瘦驴
匆忙的赶回家去，
忒忒的，足蹄鼓着道儿——
枯涩的调儿！

半空里哇的一声
一只乌鸦从树顶
飞起来，可是没有话了，

---

[1] 见课后延展阅读：《关不住了》。

依旧息下了。

按《中华新韵》，这首诗用的全是本韵。但"驴"与"去"，"声"与"顶"是平仄通押；"阳""墙""驴""顶"都是跨句韵，"么呢""说呢"，"道儿""调儿"，"话了""下了"，都是"多字韵"。而"么""去""下"都是轻音字，和非轻音字相押，为的顺应全诗的说话调。轻音字通常只作"多字韵"的韵尾，不宜与非轻音字押韵；但在要求轻快流利的说话的效用时，也不妨有例外。

（选自《朱自清全集》第二卷）

延展阅读

燕歌行二首（其一）
[三国] 曹丕

【原文】

秋风萧瑟天气凉，草木摇落露为霜，群燕辞归鹄南翔。
念君客游思断肠，慊慊思归恋故乡，何为淹留寄他方。
贱妾茕茕守空房，忧来思君不敢忘，不觉泪下沾衣裳。
援琴鸣弦发清商，短歌微吟不能长。
明月皎皎照我床，星汉西流夜未央。

牵牛织女遥相望，尔独何辜限河梁！

【译文】

秋风瑟瑟，天气清寒，草木纷纷凋落，白露凝结成霜，群燕辞别北方，天鹅南飞。

思念着你啊，你在远方游历，我为之柔肠寸断。心中满是哀怨，盼着你回归故乡，你为何长久地滞留在他乡？

我孤孤单单地守着空房，忧愁涌来，对你的思念停不下来，不知不觉泪水滑落，沾湿了衣衫。

拿起琴拨弄琴弦，响起清越的商音，轻声吟唱却难以持续下去。

明月皎洁，照亮我的床铺，银河向西流转，长夜漫漫还未到达黎明。

牵牛星和织女星遥遥相望，你们究竟为何偏偏被银河阻隔呢？

台城游·水调歌头

[北宋] 贺铸

【原文】

南国本潇洒，六代浸豪奢。台城游冶，襞（bì）笺能赋属宫娃。云观登临清夏，璧月留连长夜，吟醉送年华。回首飞鸳瓦，却羡井中蛙。　　访乌衣，成白社，不容车。旧时王谢、堂前双燕过谁家？楼外河横斗挂，淮上潮平霜下，樯影落寒沙。商女篷窗罅（xià），犹唱《后庭花》！

【译文】

　　江南地区原本是那样潇洒俊逸,自东吴到南朝在这里定都的六朝贵族,一代比一代豪奢。当年南朝最后一位君主陈后主在台城游乐冶游,那些折叠彩笺的宫女们也能作赋吟诗。(多少年后,我)在齐云观登高临远,正值清和的夏日,皎洁的月光在长夜里流连,在沉醉吟诗中送走年华。回首往事,陈朝宫殿被焚毁,值得羡慕的却是井中之蛙。　(我)去探访乌衣巷,那里已成为贫民区,狭窄得容不下车辆通过。过去的王、谢两大族,堂前的那双燕子如今又飞往了谁家呢?楼外银河横斜,北斗高挂,淮河之上潮水平息,寒霜降下,桅杆的影子落在寒冷的沙滩上。船窗的缝隙间隐约可见歌女,仍然在吟唱《后庭花》!

关不住了!

胡 适

我说"我把心收起,
像人家把门关了,
叫爱情生生的饿死,
也许不再和我为难了。"

但是五月的湿风,
时时从屋顶上吹来;
还有那街心的琴调

一阵阵的飞来。

一屋里都是太阳光,
这时候爱情有点醉了,
他说,"我是关不住的,
我要把你的心打碎了!"

第四课
论小说

一 论创作过程：
爱仑·坡的《李奇亚》

主讲人 李广田

我们曾一再地说过：一件作品，是一个完整的世界，在这个世界里，抽象的观念与具体的形象之浑然无间，正如灵魂之与肉体之浑然无间一样。我们又曾经指出，没有思想，便不能有创作，但只有思想还不够，必须是用具体的形象来表现这一种思想才行。有些作品之终于只是八股、公式、宣言、传单、标语、口号或劝世文，就因为只是从观念出发，而不从形象开始，强拉形象，硬制形象，因之，血肉与灵魂就不能一致。关于这一点，我们要用实际的例子，作为说明。我们将举出几种不同的作品，说明这些作品的创造过程之不同，以及其价值之不同。

第一种就是从观念出发的创造过程。

所谓从观念出发者，就是作者相信一种思想，一种道理，于是想用一件作品来表现这思想，来证明这思想，作者的工作就是要创造人物，编制故事。❶例如美国作家爱仑·坡（Edgar Allan Poe 1809—

◆爱仑·坡：今译作爱伦·坡。开创了美国侦探小说和科幻小说的先河。其作品多带有恐怖、推理等成分，著有长篇小说《毕姆历险记》，短篇小说《玛丽罗热疑案》《黑猫》《莫格街血案》等。

◆《李奇亚》：今译作《丽姬娅》。

---

❶ 鲁迅曾在给好友许寿裳的一封信中提到"偶阅《通鉴》，乃悟中国人尚是食人民族，因成此篇"。详见课后延展阅读：《狂人日记》。

◆哈米尔顿：今译作汉密尔顿（1881—1946），美国作家、文学评论家和戏剧理论家。

◆格兰维尔：英国普通法创始人之一。

1849）的短篇小说《李奇亚》（*Ligiea*）就是这样写成的。（*Ligiea-Tales* By E.A.Poe中之一篇, Edited by John H.Ingram, Bernhard Tauchnitz, 1840。）在哈米尔顿（Clayton Hamilton）的 *Materials and Methods of Fiction*（华林一译作《小说法程》，商务出版）中，曾经把这篇小说作了一番分析。据哈米尔顿说，作者写这篇小说的动机，是起因于英国17世纪道德家格兰维尔（Joseph Glanvill 1636—1680）的几句话，作者相信这几句话，想用小说来证明这几句话，不但把这几句话冠之于篇首，并在小说中引用过三次。格兰维尔的话是说：

> 人之意志，永存不死，然人鲜有能知意志之蕴神，意志之毅力。上帝无他，意志而已，坚强不折，臣服万物。惟人意志柔弱，故屈于神，而制于死，非然者，虽神与死，其必无如吾何。（用华林一译文。原文如下：And the will therein lieth, which dieth not. Who knowth the mysteries of the will its vigour? For God is but a great will pervading all things by nature of its intentness. Man does not yield himself to the angels, nor unto death utterly, save only through the weakness of its feeble will.）

爱仑·坡在这小说中的目的，就是要写一个具有坚强意志的人物，这人物凭了它的意志，它的爱，可以不死，可以复活。一般说来，女子的意志总是薄弱的，所以作者故意用一个女子作小说的主人，这个女子就是李奇亚。但只有中心人物是不够的，还必须有第二个人物，第二个人且必须是一个普通人，这样，就可以和主要人物对称，而且一切事情均须由第二人口中说出，以见出事情之真实。这第二个人一定是和主要人物有密切关系的，于是作者就决定是李奇亚的丈夫。人物既定，然后就进行故事。作者想证明李奇亚因意志坚强死而复活，所以必须以李奇亚之死为故事的中心，故事的进展也就分为两部分，一部分写李奇亚死前，一部分写李奇亚死后。这样就决定了小说的结构。在前半部分，作者主要的工作是描写李奇亚之为人，以便使读者相信有此一人，且对此人有深切之认识。而就在这些形貌性行的描写中，读者也就可以感到这个女人的将来了。例如作者写李奇亚的行动时说道：

> 有一个很宝贵的话题，关于这一点，那无论如何我是不会忘记的。那就是李奇亚的形貌。以身材来说，她是高高的，而且有点儿细长，等到她临终的那些日子里，她简直是完全消瘦了。我想我恐怕没有方法可以试着描绘她行动的庄严与从容，以及她那脚步之不可思议的轻捷与弹性。她来来去去有如一个影子。当她走进我的关着门的书斋中来时我简直从未觉察过，除非由她那轻柔悦耳的音乐般的语声，或者当她的玉手放到了我肩头的时候。

这是一个影子般的女人，只从这一点，我们就可以感觉得到，这一定是一个演悲剧的人物，这立刻使我们想到死亡，想到灵魂，因为作者的目的实在是要想写一个鬼怪的故事。以下当作者在描写李奇亚的美貌的时候，他又特别描写了她的眼睛：

她那一双眼睛，我确实相信，是比我们这一民族的一般人的眼睛要大得很多。……那一双眸子的色泽是黑色中最明亮的，而且在眼睛上面高高地横着两道很长很长的黑睫毛。那两道眼眉，轮廓是有点斜高的，也是同样的颜色。……唉，李奇亚一双眼睛的表情才真是难以形容。我曾经费了多少时间来思量它！我曾如何地度过一个中夏的长夜去殚精竭思地度量它！那将何以名之呢——那恐怕比德谟克勒塔司的井还要更其渊深（希腊哲学家Democritus，前460—前361。相传德谟克勒塔司，因穷心学问，乃自残其目，以免为外物所扰，或云用功过度，因以失明，此所云井，不知是否即指其深目，待考。）它那样深远地横在我爱的双瞳之中？你能说它像什么吗？我真是为了要发掘这神秘的一种痴情而感到迷惑了。是那样的一双眼呀！那么大大的，那么闪光的，那么神圣的瞳仁！它们对于我简直成了丽妲的双星（丽妲Leda是斯巴达王Tyndaraus之后，是Castor, Pollux, Olytemnestra和绝世美人Helen的母亲。）而我对于它们就是最虔诚的卜星家。

作者之所以如此用力描写李奇亚的眼睛，是为了两种目的，一方面是为了与将来要出现的另一人物作为对照，作为故事变化发展的枢纽；另一方面，而且是更重要的一面，乃是用了李奇亚的眼睛来描写李奇亚的性格，特别是她那种坚不可拔的意志力。这可以说是文章的主要部分。所以作者接着写道：

◆德谟克勒塔司：今译作德谟克里特。

◆前361：今天一般认为德谟克里特卒年为约前370年。

◆丽妲：今译作勒达，是希腊神话中的仙女，斯巴达国王Tyndaraus（今译作廷达柔斯）的王后。

◆Castor, Pollux：今译作卡斯托尔、波鲁克斯。

◆Olytemnestra：应为"Clytemnestra"，今译作克吕泰涅斯特拉。

◆Helen：今译作海伦。希腊神话中的美人，斯巴达王墨涅拉俄斯的王后。后被特洛伊王子引诱走，双方因此爆发持续十年之久的特洛伊战争，后斯巴达军队依靠木马计攻下了特洛伊城，结束了战争。

第四课　论小说

在心理研究的种种不可思议的奇迹之中，再没有比这一事实为更其惊人的了——我相信学校的课程中是永不曾注意到这一点的——就是，在我们努力要追忆起某种久已忘怀的事物时，我们常常发现我们只是在记忆的最边缘上，却终不能记上心来。因此，在我尽力思索李奇亚的眼睛的时候，我虽自以为已经接近于它们的表情的全部了解了——只是以为接近而已——但依然毫无把握——于是也就立刻化为无有了！而且，（奇怪，唉，真是一切神秘中之最奇怪者！）在宇宙间最平常的事物之中，我发现了一连串和这种表现相似的东西。我的意思是说，当李奇亚的美已经融入于我的灵魂之后，她的美住在我的灵魂中犹如供奉于神龛之中，从物质世界的种种存在里边，在我的内心，我得到了一种时常在我周遭可以感到的情感，而这种情感也就是来自她那又大又亮的双眸。不过我依然不能说明这种情感，也不能分析它，甚至也不能切切实实地观察它。请让我重复一遍，我只是有时体会到它，譬如我在观赏一枝怒生的葡萄藤，或者我在对着一个蛾子，一个蝴蝶，一个蛹子，或一川流水，而沉思的时候。我曾经感觉到它，在海洋上，在流星的殒落中。我曾经感觉到它，在某种异乎寻常的老人的瞬视中。在天空有两个星宿（特别是那一个，第六等光度的那一个，成双的，而且，变化不定的，在天琴星座的大星旁边就可

◆龛，kān。神龛：供奉佛像或神像的石室或者柜子。

以看得见它），当在望远镜中观察它的时候我就更体会了这种感觉。此外，我也曾充满过这种感觉，由于弦乐器的某种声音，也常常由于书卷中的某些段落。

就这样，于是他由眼睛描写而扣到了本题，紧接着是：

在无数的例子中，我清楚地记得格兰维尔著作中的一段，这一段（也许只是由于它的离奇古怪——这谁又能说定呢？）总是引起我这种情感："人之意志，永存不死，然人鲜有能知意志之蕴神，意志之毅力。上帝无他，意志而已，坚强不折，臣服万物。惟人意志柔弱，故屈于神，而制于死，非然者，虽神与死，其必无如吾何。"

具有那样的眼睛的人就有这样的意志。她乃是这样的一个女人：

在我所知道的一切女人之中，她，这外表安详而又永久镇定的李奇亚，却是毫无顾惜地，宁愿牺牲于凶禽般的热情的人。对于这样的热情，我是无法给以估价的，除非凭借了她那一双既使我喜悦又使我震惊的眼睛之不可思议地张大，凭了她那魔术一般的好音，她那最低音的婉转，清晰与坚定，或凭了她那惯于爆发出来的泼野语言之狂悍。（由于和她那说话的态度之恰好相反而表现出了双倍的效果。）

到此为止，作者差不多已经把这个女子写成了，——然而，不管爱仑·坡的小说写得多么好，我们不能不承认，他所创造的人物完全是空的，将近一半的篇幅就是这种描写，这里没有事件，没有行动，只是用空气来烘托出一个人，这原因也就是因为作者是从观念出发的，不是从具体的形象出发的。这以下，事件来了，动作也有了，因为作者必须把李奇亚置之死地，而所谓死者，就是说她必须同她丈夫作永久的诀别，这是一件极可悲痛的事，尤其在李奇亚这样的女子。然而李奇亚有坚强的意志，她不肯死，她热切地恋着生活，于是这个"阴影"一般的女子就不得不在病中与死的阴影相争执，作者写道：

> 最使我惊讶的是，这个热情的女子之挣扎，甚至比我自己的挣扎还更凶。在她那坚毅的性格之中本来有足以使我相信：死之降临对于她该是无惧无恐的，不料却并不如此。她用以和死的"阴影"相奋争的那种坚持的强力，简直不是言语可以说明的。面对着这种可怜的景象，我只是在疲惫之中呻吟。我应当安慰她，我应当劝解她；但是对于她那种为了生命——为了生命——只是为了生命——的欲望之强烈，安慰与解劝都等于无比的糊涂。尚未等到最后弥留之际，在她那狂暴灵魂的极端痉挛痛苦之中，她的行动的外在凝静已经萎谢了。她的声音变得更温柔——变得更低——然而我已经不愿意她那静静地说出来的语言中所含的泼悍的意义了。我的头脑已经晕眩，当我谛听，并迷惑于一种非人间的谐音，——在人

间从未听到过的谵语和呼吸。

她终于死了,当她还在清醒的时候,她呼喊上帝,她默诵格兰维尔的那一段意志不死的话,她已经奄奄一息了,她还在喃喃不已,她的丈夫把耳朵伏在她的口边,她所喃喃的还是格兰维尔那一段话。这就是小说的前半部分。只就这前半部分而论,虽说作者的描写大半是空的,但仍不能不说是很好的描写,我们还感到一些真实的东西。李奇亚这个人物自然是为了格兰维尔那一段话,为了那一个观念而创造出来的,但我们也许可以相信,在作者的生活经验中可能遇到过这样的女子,或与此相似的女子。然而以后的问题就来了,一个最难处理的问题摆在面前,就是:作者既已使李奇亚死了,当然也得埋葬,但如何能使之复生呢?假如不能复生,又如何证明格兰维尔那段话?于是小说中就出现了第三个人物。李奇亚的丈夫以后在一座古老荒废、鬼气森森的寺院里住了下来,而且同另一个女子结了婚,这个女子就是曲莱美妇·罗雯娜,这是一个美发蓝眼的女子,与李奇亚的黑发黑眼是完全不同的。而且这又是一个普通女子,他并不怎么爱她,却时常因为她而想起李奇亚,他甚至在静夜中高呼李奇亚的名字,即使在白天,他散步于荫蔽的幽谷之中,由于他对于死者的思念之殷切,他也可以在她当年走过的一条小径上看见她的归来。于是"无巧不成书",曲莱美妇病了,在她病重的时候,她见神见鬼,她听见有一种声音,她看见有人在暗处行走,后来丈夫也听到了声音,也看见了

◆ 谵,zhān。谵语:胡话。

◆ 寺院:英文原文为"abbey",也可译作修道院。

◆ 美发蓝眼:也可译作金发碧眼。

第四课　论小说

"影子",一个影子——一个模糊不清的天使似的影子——叫人想象到只是一个影子的阴影。就在这一点上,也可以说是作者在小说中埋伏下的一条线索,他最初描写李奇亚像一个"影子",李奇亚病中与死的"影子"挣扎,现在,曲莱美妇临死的时候,那影子又出现了。他甚至听到有脚步声在地板上行动了,甚至当曲莱美妇举起酒杯要啜饮的时候,他看见有三四滴红色光亮的液体,似乎从一个不可见的泉里落入曲莱美妇的酒杯。当曲莱美妇临死时他又想起李奇亚,当她死后停在床上时他又想起了李奇亚,等他从死者的唇间听到叹息,并看到死者的面上又忽然现出红晕,他又一再地想起李奇亚。最后,曲莱美妇终于复活了,但活起来的已经不是曲莱美妇而变成了李奇亚。作者在最后一段中写道:

> 我并没有发抖——也没有移动——因为有一团和眼前这个已经**物故**的人物的态度、身材、行动等相关联的无可说明的幻想,倏然地闪过了我的头脑,把我惊呆了,把我凝成了化石。我依然不动——我只是注视着这个妖祟。在我的思想中是一团疯狂的紊乱——一种无法平静的骚扰。难道这真是,真是活着的罗雯娜在我的面前?难道这确乎是罗雯娜——美发而蓝眼睛的曲莱美妇·罗雯娜·楚勒凡妮昂?为什么?为什么我还要疑惑?绷带紧紧地盖在她的嘴上——然而这难道该不是那还在呼吸着的曲莱美妇的嘴?还有这两颊——这里是她的正

◆物故:死亡。

当青春的红颜，是的，这当然该是那活着的曲莱美妇的红颊。还有那下颏，带着两个笑窝就如她健康时一样，这难道该不是她的？然而，莫非自从她病过之后的身材又长高了吗？这种莫明其妙的怪思想真把我弄糊涂了，只一跳，我就跳到了她的面前！由于我的接触，她忽而退缩了一下，她让她那蒙头的寿衣从头上滑脱了，于是在这房间中的突变的空气中，流散开了她那浓密而披散的长发；那是太黑了，黑得比夜神的翅翼还更深！现在站在我面前的那个形体的眼睛慢慢张开了。"唉呀，无论如何，"我高声惊叫起来，"我总不会——我总不会是看错了吧——这乃是那一双圆而黑的，野而不羁的眼睛——是我失去了的爱人——是夫人——是夫人李奇亚的！"

◆夜神：古希腊神话中的司夜女神尼克斯（Nyx）。

故事就这样结束了，已死的曲莱美妇复活起来却变成了李奇亚，最显著的变化是眼睛，蓝眼变成了黑眼，作者在前文中加力描写李奇亚的眼睛，就是为了这一点，不但要显示其人格，并预备做这一个大转变。但转变的还不只眼睛，还有头发，而且连身材也变长了。"我总不会——我总不会是看错了吧——这乃是那一双圆而黑的，野而不羁的眼睛——是我失去了的爱人——是夫人——是夫人李奇亚的！"这是小说的最后一句话，然而我们也可以说，这是小说的第一句话，因为作者在开始写这小说的时候，就先想到了这结果，他是要用这结果来证明格兰维尔的。这以后的事情自然不必写了，

第四课　论小说

因为目的已经达到了。然而我们却要切实追问一句：作者的目的真的达到了吗？第一，我们就绝不会相信，一个人的灵魂可以和他的躯壳分离，我们更不会相信这种"借尸还魂"的可能性。这种思想，和我们的科学观念是恰相反背的。假如作者是在写一个寓言（如《伊索寓言》中的《驴蒙虎皮》《老鼠开会》《龟兔竞走》等），以及近于寓言的东西（如育珂·摩尔 Mor Jokai 的《鞋匠》之类，或如大卫·卡尔奈特的《女人变狐狸》David Garnett: *Lady into Fox*），我们都知道那些事是不可能的，不必有的，然而我们却相信那些道理是真实的。《李奇亚》，这当然不是寓言，这是作者所要显示的人生，他使故事中的男子用第一人称在回忆中口述，是为了叫我们相信这件事，可惜我们却不能相信。我们只能说爱仑·坡在写一个鬼怪故事，至于格兰维尔的话，他自然懂得，但也不妨说他弄错了，意志不死，本来是真的，但不是"借尸还魂"，而是活在未死者的心里，或永存于某种事业里（或如《蝴蝶梦》*Rebecca* 倒未始不可算是一个好例），假如换一个写法，也许真可以给格兰维尔一个证明，但是爱仑·坡的写法却不对，他反而把格兰维尔糟蹋了。

（选自《创作论》）

◆《伊索寓言》：古希腊寓言故事集。现今流传的《伊索寓言》是后人根据古希腊作家伊索（约前6世纪）所编寓言加工结集而成的。

◆育珂·摩尔：今译作约卡伊·莫尔（1825—1904）。匈牙利浪漫主义作家。

◆Mor Jokai：应为"Jókai Móri"。

◆大卫·卡尔奈特：今译作大卫·加内特。英国作家。

◆《蝴蝶梦》：也译作《吕贝卡》，作者为英国著名作家达芙妮·杜·穆里埃。小说中男主人公德文特公爵的前妻吕贝卡虽然在小说开头就已经去世，却深深影响着庄园里的每一个人，使他们生活在她的阴影之下，尤其是庄园新的女主人——一位年轻的平民姑娘，感觉自己整日处于惊恐不安之中。

> **延展阅读**

狂人日记

节选自鲁迅《狂人日记》

某君昆仲,今隐其名,皆余昔日在中学校时良友;分隔多年,消息渐阙。日前偶闻其一大病;适归故乡,迂道往访,则仅晤一人,言病者其弟也。劳君远道来视,然已早愈,赴某地候补矣。因大笑,出示日记二册,谓可见当日病状,不妨献诸旧友。持归阅一过,知所患盖"迫害狂"之类。语颇错杂无伦次,又多荒唐之言;亦不著月日,惟墨色字体不一,知非一时所书。间亦有略具联络者,今撮录一篇,以供医家研究。记中语误,一字不易;惟人名虽皆村人,不为世间所知,无关大体,然亦悉易去。至于书名,则本人愈后所题,不复改也。七年四月二日识。

一

今天晚上,很好的月光。

我不见他,已是三十多年;今天见了,精神分外爽快。才知道以前的三十多年,全是发昏;然而须十分小心。不然,那赵家的狗,何以看我两眼呢?

我怕得有理。

二

今天全没月光,我知道不妙。早上小心出门,赵贵翁的眼色便怪:似乎怕我,似乎想害我。还有七八个人,交头接耳的议论我，又怕我看见。一路上的人，都是如此。其中最凶的一个人，张着嘴，对我笑了一笑；我便从头直冷到脚跟，晓得他们布置，都已妥当了。

我可不怕，仍旧走我的路。前面一伙小孩子，也在那里议论我；眼色也同赵贵翁一样，脸色也都铁青。我想我同小孩子有什么仇，他也这样。忍不住大声说，"你告诉我！"他们可就跑了。

我想：我同赵贵翁有什么仇，同路上的人又有什么仇；只有廿年以前，把古久先生的陈年流水簿子，踹了一脚，古久先生很不高兴。赵贵翁虽然不认识他，一定也听到风声，代抱不平；约定路上的人，同我作冤对。但是小孩子呢？那时候，他们还没有出世，何以今天也睁着怪眼睛，似乎怕我，似乎想害我。这真教我怕，教我纳罕而且伤心。

我明白了。这是他们娘老子教的！

三

晚上总是睡不着。凡事须得研究，才会明白。

他们——也有给知县打枷过的，也有给绅士掌过嘴的，也有衙役占了他妻子的，也有老子娘被债主逼死的；他们那时候的脸色，全没有昨天这么怕，也没有这么凶。

最奇怪的是昨天街上的那个女人，打他儿子，嘴里说道，"老子呀！我要咬你几口才出气！"他眼睛却看着我。我出了一惊，遮掩不住；那青面獠牙的一伙人，便都哄笑起来。陈老五赶上前，硬把我拖回家中了。

拖我回家，家里的人都装作不认识我；他们的眼色，也全同别人一样。进了书房，便反扣上门，宛然是关了一只鸡鸭。这一件事，越教我猜不出底细。

前几天，狼子村的佃户来告荒，对我大哥说，他们村里的一个大恶人,给大家打死了;几个人便挖出他的心肝来,用油煎炒了吃,可以壮壮胆子。我插了一句嘴,佃户和大哥便都看我几眼。今天才晓得他们的眼光,全同外面的那伙人一模一样。

想起来,我从顶上直冷到脚跟。

他们会吃人,就未必不会吃我。

你看那女人"咬你几口"的话,和一伙青面獠牙人的笑,和前天佃户的话,明明是暗号。我看出他话中全是毒,笑中全是刀。他们的牙齿,全是白厉厉的排着,这就是吃人的家伙。

照我自己想,虽然不是恶人,自从踹了古家的簿子,可就难说了。他们似乎别有心思,我全猜不出。况且他们一翻脸,便说人是恶人。我还记得大哥教我做论,无论怎样好人,翻他几句,他便打上几个圈;原谅坏人几句,他便说"翻天妙手,与众不同"。我那里猜得到他们的心思,究竟怎样;况且是要吃的时候。

凡事总须研究,才会明白。古来时常吃人,我也还记得,可是不甚清楚。我翻开历史一查,这历史没有年代,歪歪斜斜的每叶上都写着"仁义道德"几个字。我横竖睡不着,仔细看了半夜,才从字缝里看出字来,满本都写着两个字是"吃人"!

书上写着这许多字,佃户说了这许多话,却都笑吟吟的睁着怪眼睛看我。

我也是人,他们想要吃我了!

四

早上,我静坐了一会。陈老五送进饭来,一碗菜,一碗蒸鱼;这鱼的眼睛,白而且硬,张着嘴,同那一伙想吃人的人一样。吃了几筷,滑溜溜的不知是鱼是人,便把他兜肚连肠的吐出。

我说"老五,对大哥说,我闷得慌,想到园里走走。"老

第四课　论小说

五不答应，走了；停一会，可就来开了门。

我也不动，研究他们如何摆布我；知道他们一定不肯放松。果然！我大哥引了一个老头子，慢慢走来；他满眼凶光，怕我看出，只是低头向着地，从眼镜横边暗暗看我。大哥说，"今天你仿佛很好。"我说"是的。"大哥说，"今天请何先生来，给你诊一诊。"我说"可以！"其实我岂不知道这老头子是刽子手扮的！无非借了看脉这名目，揣一揣肥瘠：因这功劳，也分一片肉吃。我也不怕；虽然不吃人，胆子却比他们还壮。伸出两个拳头，看他如何下手。老头子坐着，闭了眼睛，摸了好一会，呆了好一会；便张开他鬼眼睛说，"不要乱想。静静的养几天，就好了。"

不要乱想，静静的养！养肥了，他们是自然可以多吃；我有什么好处，怎么会"好了"？他们这群人，又想吃人，又是鬼鬼祟祟，想法子遮掩，不敢直捷下手，真要令我笑死。我忍不住，便放声大笑起来，十分快活。自己晓得这笑声里面，有的是义勇和正气。老头子和大哥，都失了色，被我这勇气正气镇压住了。

但是我有勇气，他们便越想吃我，沾光一点这勇气。老头子跨出门，走不多远，便低声对大哥说道，"赶紧吃罢！"大哥点点头。原来也有你！这一件大发见，虽似意外，也在意中：合伙吃我的人，便是我的哥哥！

吃人的是我哥哥！

我是吃人的人的兄弟！

我自己被人吃了，可仍然是吃人的人的兄弟！

五

这几天是退一步想：假使那老头子不是刽子手扮的，真是医生，也仍然是吃人的人。他们的祖师李时珍做的"本草什么"上，明明写着人肉可以煎吃；他还能说自己不吃人么？

至于我家大哥，也毫不冤枉他。他对我讲书的时候，亲口说过可以"易子而食"；又一回偶然议论起一个不好的人，他便说不但该杀，还当"食肉寝皮"。我那时年纪还小，心跳了好半天。前天狼子村佃户来说吃心肝的事，他也毫不奇怪，不住的点头。可见心思是同从前一样狠。既然可以"易子而食"，便什么都易得，什么人都吃得。我从前单听他讲道理，也胡涂过去；现在晓得他讲道理的时候，不但唇边还抹着人油，而且心里满装着吃人的意思。

六

黑漆漆的，不知是日是夜。赵家的狗又叫起来了。

狮子似的凶心，兔子的怯弱，狐狸的狡猾，……

二论创作过程：
果戈里的《外套》

主讲人 李广田

有一种创作过程，是由于作者听到了或经验了一件真实的事件，作者便利用了这事件而写成他的作品，然而他的作品却已经换了面目，和那件原来的事实完全不同了。那一件真实的事件只是一点酵母，而作者的思想，经验，就是那等待发酵的面块。那些面块本有发酵的可能，但非等加入那一点酵母不可。❶果戈里（Cogol, Nikolay Vasilevich 1809—1852）的《外套》，便是这样写成的。在万垒赛耶夫（V.Veresaev）的《果戈里怎样写作的》（孟十还译）一书中，作者说，《外套》的故事是由于果戈里听了P.V.安宁可夫所讲的一件真事而写成的。那事情是这样的：

> 有一次在果戈里面前讲到一段公务员的逸话，是说一个贫穷的小官吏，他喜欢打鸟，又特别俭省，而且不疲倦地，尽心竭力地做着职务上的工作，终于积足了够买一枝价值二百卢布的很好的猎枪的钱。在第一次，当他乘着自己的小船游到芬斯基河湾去寻找目的物的时

◆ 万垒赛耶夫：今译作魏列萨耶夫（1867—1945），苏联作家、评论家。曾获斯大林奖金。

◆《果戈里怎样写作的》：即《果戈理是怎样写作的》。

◆ 孟十还：中国作家、翻译家、编辑。中国现代文学期刊《作家》的主编。

◆ 安宁可夫：今译为安年科夫（1812或1813—1887），俄国文学批评家。

◆ 卢布：俄罗斯的官方货币和货币单位。原为苏联的官方货币和货币单位。

---

❶ 见课后延展阅读：《药》。

候，他把猎枪放在自己面前，照他个人的说法，他忽然坠入一种梦境里去了，等他清醒过来，朝面前一看，不见自己的新买的东西了。那枝枪是在他通过的地方，被深厚的芦苇挂掉到水里了，于是他用尽全力地搜寻它，但是枉然。小官吏回到家里就一头倒在床上，再也起不来了。他得了寒热病。他的朋友们知道了这桩事，便来发起募捐，给他买了一枝新枪，这才救回了他的命。但这桩可怕的事件，无论什么时候他一想起来，就不免在脸上现出死人一般的灰白。……所有的人都笑这个具有真实的来历的逸话，果戈里却例外，他沉思地听着它，低了头。这个逸话便成了他的小说《外套》底初步的思想，并且这篇小说在那一天的晚间就在他的心里生根了。

事实是如此，但到了果戈里的笔下便完全不同了，果戈里完全把它重新创造过。像书名所表示的，代替了事件中的鸟枪，却变成了"外套"。由于这一个改变，故事的一切也就不同了。作者为什么不写"鸟枪"而写"外套"呢？关于这问题的回答，大概只有向作品的主题和作者的生活体验中去追寻。而且当他一听到安宁可夫讲那事件时，他就有一种特殊的认识在心里，他不同别人，他有另一种感触，不是好笑的，而是悲悯的；他也就有另一种思想，不是个人的问题，像只是一个人爱好打猎之类，而成了一个严重的社会问题，像《外套》的主人翁所遭遇的，像故事的最后所显示的。也正因为

第四课　论小说

这些感触与思想，一言以蔽之，因为了这一新内容，就非改成"外套"不可，因为，如果仍是"鸟枪"，那就无法，或不容易达到这个目的了。

《外套》的主人翁——当然不再是那个喜欢鸟枪的人——当安宁可夫告诉那件事时，不见得就描写了那人的面貌，即使描写了，也不见得就是果戈里笔下的人物，为了适合人物的性格，为了适合于这人物所演的悲剧，果戈里笔下的人物是：

> 身体矮小，脸有些麻，头发微红，两眼看来甚至有些眯睎，额头上光了一小块，两颊有皱纹，脸上有那种令人呼为痔瘢的颜色……有什么办法呢——彼得堡气候的过错。

就在这简单的描写中，我们也可以预感到我们这位主人翁的命运了。关于他的名字，作者写道：

> 他姓巴什玛金，这个姓显然是来自"巴什玛克"（意即轻皮鞋）；但是在什么时候，是哪一点钟，怎样来自"巴什玛克"，这一层是一点也不清楚。父亲、祖父，甚至内兄弟，以及所有姓巴什玛金的全穿长皮靴，一年不过换两三次前掌。他的名字是阿加克·阿加克维奇……

意即轻皮鞋的姓氏，这就仿佛注定了一些事物，但这是无可如何的，至于名字，那却是经过了他的母亲、教父、教母再三选择的结果。当这样的名字定下来了，作者说：

> 他们给孩子施洗，他因此哭了，并且做出这样的苦脸，好像已经预感到他将是九品官

◆眯睎：眼睛半睁半闭、目光迷离的样子。

◆瘢，bān，创伤或疮疖等痊愈后留下的疤痕。

◆彼得堡：即圣彼得堡，俄罗斯第二大城市。

◆巴什玛金：今译作巴什马奇金。后文中的"巴什玛克"今译作巴什马克。

◆阿加克·阿加克维奇：今译作阿卡基·阿卡基耶维奇。

◆教父、教母：基督教礼仪中儿童受洗（基督教的入教仪式）的保证人，对儿童负有一定的教育、监护之责。

◆九品官：沙俄时期的文职官员等级，最高为一品，最低为十四品。

似的。

他当然是做了九品官，他在一个司里做了书记官，而且永无升迁，永无变化。

作者接着说：

>于是，大家便确信了，显然他生就是预备穿制服，光着顶的。司里对他不曾表示任何敬意。看大门的不仅是不从位子上立起来，当他出入的时候，并连瞧他一眼也不瞧，好像从会客厅飞过一个寻常的苍蝇似的。……
>
>年青的官吏们，尽其公事房的小聪明嘲笑奚落他，当他面就述说各种编造关于他的故事；关于他的女房东，七十岁的老奶奶，说她打他，大家问他们什么时候结婚，向他头上乱撒些碎纸，说这是雪。……不过要是闹出太受不了的玩艺，当打乱他的工作，掣他的肘的时候，他开口说道："莫动我，你为什么欺侮我？"并且在他发出言语的腔调里，好像有什么奇异的东西似的。

作者说，在这样的言语中，是有一种动人怜悯的意味的，在这刺人肺腑的话里似乎响动着一种最谦卑的哀告："我是你的兄弟。"他是一切人的兄弟，他愿在任何人面前低首，即使稍稍反抗，也还是自卑的，屈辱的。

像这样的一个人，在他的生活中还有什么可说的呢？他终日埋首抄写，他在抄写中有无限快乐，像其他人在他辉煌的事业里有快乐一样。每当他抄写的时候，"享乐的神情现在他的脸上；有几

◆ "我是……兄弟"：基督教主张所有人都是上帝的儿女，人们应该如兄弟姐妹般友好相处。

个字母是他心爱的，倘如遇到这些字，那他简直乐得忘形：又是笑，又是眨眼，又是动起嘴唇，因此似乎在他的脸上可以读出他的笔下所运行的每个字母"。可怜的人！在他的卑微的生存中，也还开着一些花朵，一些希望，无奈这却只是几个心爱的字母！而他也就安于这些，当他的上司看他热心服务，命令他改变一下工作，不再抄写，而做做"等因奉此"之类的工作时，他却流着汗，拭着额头，终于说道："不行，不如给我抄写一些什么倒强些。"他就一直这样做下去，而且，不但在办公时间切实服务，回家之后，还"抄写带到家里的公文。倘使没有这些事，那他为着自己的快活，便故意替自己抄个底，尤其是倘如这公文不是为着风格华丽而出色，却是为着致什么新的或阔的人物的姓名住址"。他以全生命工作，他的生命和工作简直融而为一。"他写够了便睡觉，想到第二日，明天上帝派他写什么东西，就微微含笑。"这样的好人，这样尽忠职守，这样不存任何奢望的人物，然而，他却没有方法不受彼得堡的寒冷的侵袭，"当连办上等差使的人前额都冻得发痛，珠泪满眶的时节，可怜的九品官们还毫无防御呢"。

这以下，故事就开始了，他先是请求裁缝给他修理破"外套"，然而那已是太破了，破得不可救药了，当他听说必须缝制新外套的时候，他两眼发黑，而且屋中所有的一切，在他面前颠倒错乱了，因为他没有八十卢布——这是他估计的最低价钱，实际上裁缝讨价是一百五十卢布。在这里，为了进

◆等因奉此：旧时官府行文，常以"等因"来结束所引来文，"奉此"用来引起下文。这里比喻例行公事，官样文章。

西南联大写作课（青少版）

一步地发掘人性，作者写道：

> 但是，究竟从哪里拿这八十卢布呢？一半也许还可以得到！一半找得到，或者甚至再多一点，但是在哪里找到别的半数呢？……但是读者要先知道第一个半数他是从哪里拿来的。
>
> 阿加克·阿加克维奇有两种习惯，每花一卢布，便放一个格罗斯（合两个戈贝克，即两分），在盖上带有投钱孔的，被锁住的小箱子里。经过每半年他要查算聚集下的总数，将它换成小银币。他好久就这样做，以此，继续几年，聚下的总数，有四十多卢布。那么，一半已经是在手头，但是从哪里拿另一半呢？从哪里拿另外四十卢布呢？阿加克·阿加克维奇想了又想，决定要得减少平常的花费，虽说最低限度得继续一年：每晚不用茶，每晚不点蜡烛，假如有什么要做，往主妇屋子里，在她的烛光之下做活；走到街上，脚步尽力放轻，而且小心地踏在砖石上，差不多用脚尖子在走，为的不致很快地就穿坏了靴前掌；汗衫能够对付就不交给洗衣服的人洗，至于想不致穿破，他每一次刚一到家，就把它脱下，光穿一件斜纹布的长衫，这长衫已经细心地保存好久了。老实说，他起初对于这些限制是有些难于习惯，但是以后已经弄惯，就很合适，——他甚至每晚学会了挨饿；不过在意思之中，却含着将来的外套的永久观念，作精神的营养。从这时起连他个人的生存也好像丰满些，他好像结

◆ 格罗斯：今译作格罗、格罗什等，中世纪后期欧洲许多国家通行的货币。

◆ 戈贝克：今译作戈比，俄罗斯货币，一百戈比等于一卢布。

◆ 主妇：指房东太太。

了婚，好像另有个人和他在一起，好像他不是一个人，倒像有一位生活上的快乐伴侣愿意和他同走着生活的道路，——这位伴侣不是别人，正是那填着厚棉絮，有穿不破的结实里子的外套。他彷彿变得活跃些，连性子也坚定些，有如那自己已经确定了目标的人似的。从他的面孔以及行为上自然而然地消灭了迟疑不决，一句话——所有摇撼不定的痕迹。在他的两眼里时常出现火光，脑海中甚至闪动着极果敢和奋勇的思想，莫非真是貂鼠皮放在领子上？这思想几乎使他心不在焉。有一次，当抄写公文的时候，他几乎快要弄出了错，所以几乎高声叫出"哦！"手画十字。

啊，上帝！这真是人生中最好的时候了，年青人在向一个美丽的少女求爱，操必胜之心的将军正要赴敌，一个伟大的建筑正要立起，一个大帝国正要完成，一朵花正要开放，整个世界摆在一个人的面前，而我们的好人，一件外套就要完成了，这生活中最高的理想，最大的欢悦，而事有凑巧，司长给他的赏钱不是四十，也不是四十五，倒是六十卢布，多出来二十卢布，"这一来事情进行得快了，再略为饿上两三个月"，阿加克·阿加克维奇一生中"最庄严的一日"终于到了。他穿上新外套，他心里畅快极了。作者写道：

> 他每一瞬间都觉得在他的肩上有新外套，并且甚至为心里的满足笑了几次。实在不错，有两种利益：一种是暖和，另一种是美好。

伟大的作家,奇异的作家,他写出了这么平凡的句子,平凡得这么出奇,这么可怕呀,曾有那因久于饥渴而忘记了饭是可以充饥的,水是可以解渴的人吗?这样的人他将体会出这话的意义!到此为止,在人性的显示上,果戈里的工程已经完成了。这以下,就是故事的突转,春天正在繁盛,花开得正好,秋天来了,冬天来了,阴暗来了,寒冷与死亡来了。从个人的,到社会的,从生活的,到政治的,从"现在"的,到"将来"的,于是作者把画面展开了。

阿加克·阿加克维奇,穿了新外套到司里去,人们的嘲弄,祝贺,使他难于为情,当大家一齐围上他,说要喝新外套的喜酒,并且至少他应该给大家招个晚会的时候,阿加克·阿加克维奇完全糊涂了,他满脸通红,说道:"这完全不是新外套,这只是一件旧的。"终之,有一位副书记长,似乎想表示他为人一点不傲慢,而且和下等官员要好,说道:"那么,就这样吧,我来替阿加克·阿加克维奇招个晚会,今天我请大家到那边喝盅茶:今天适逢是我的命名日。"到了晚上,阿加克·阿加克维奇自然是参加了的,他刚到的时候,大家还围着他的外套研究了一阵,但以后,"不消说,大家连他,连外套都抛下了,仍旧转向指定玩哑牌戏的桌子"。他觉得无聊,便偷偷溜开,"他轻轻地从屋里溜出来,在外间找到了外套,看见很可惜的躺在地上,将它抖一抖,从上面摘下了每个小灰毛,套在身上,顺着楼梯走到街上去了"。外套被丢在地

◆盅,zhōng,饮酒或喝茶用的没有把儿的杯子。

◆命名日:和本人同名的圣徒纪念日。在一些国家和地区,尤其是受基督教文化影响较深的地方,人们会庆祝命名日。

◆哑牌戏:一种纸牌游戏。

第四课　论小说

下，这也许就是那即将到来的不幸之预兆吧，他回家的路是遥远的，而且夜已深深，当他走过一个荒凉的广场时，他就遇着了那些满脸生着胡须的人们，——"究竟是哪种人，连他也分辨不清楚。他竟两眼发黑，心头乱跳起来。'这岂不是我的外套！'他们之间有一个抓住了他的领子，大声说道。阿加克·阿加克维奇已经想喊'守卫'，恰好另一个人正对着他的嘴伸出一只拳头，大得有如官吏的脑袋一般，说了：'只要你一喊！'阿加克·阿加克维奇仅只觉得他们从他身上剥下外套，给他一膝盖，于是他跌在雪上，仰着，别的再也不觉得了。"

他回家之后第二天清晨，为了要找回他的外套，他去见一位署长。这时，当时俄国的官僚们便搬上了舞台。清早，他就到署长那里去，但是说署长在睡觉；他赶十点钟来，——又说："在睡觉"，他赶十一点钟来，——说："署长不在家"；他赶吃午饭的时候——但是在前厅里的书记不准他进去。终于见到署长了，署长"不注意事的要点，却问阿加克·阿加克维奇：他为什么回来得这么晚？他顺便到不正当的人家去了没有？"他的请求反而换来了责备。他这一天，生平第一次未到司里去。第二天去办公，他的不幸却又换来了嘲笑，虽然有些人同情他，甚至想给他募捐，"但是集的太少了，因为没有这事，官吏们订司长像片和一本什么书，依科长的提议，他是著者的朋友，已经花费了许多；这样，所以集款的总数极不中

◆署长：此处指警察署长。

129

用"。以后，他又去见一位"阔老"。这位阔老，也许可以作为一般官僚的代表，他一切照极严厉的规矩行事：十四品官要报告十二品官，十二品官要报告九品官，或其他合适的人，这样事情才到了他的面前。……阔老的派调习惯沉着森严……他的法制的重要基本是严。"严，严，而且——严，"他同属员的通常谈话声色严厉，多半是这一句："你怎么敢？你可知道你同谁说话？明白不明白谁站在你面前？"阿加克·阿加克维奇去请求这位阔老的结果是显然的，起初是挡了驾，等了很久，见到了，阔老骂他不懂办事的规矩，骂他"你们青年人对长官真是放肆得太过分了！"殊不知他已是五十开外的人了。他在归途中迷了路，他"大张了一下嘴，在遍街呜呜响的暴风雪中向前走；风，照彼得堡的老例，从四面八方，从所有的小巷里向他吹来。转眼之间给他的嗓子吹起喉咙病，临他摸到家的时候，连一句话也不能说了。喉咙全肿起来了，躺在床上。一顿好责骂有时是这样厉害！"第二天他发了大热。当医生看过之后，转脸向房东主妇说："你好，妈妈，你不要白费了工夫，现在就给他定一口松木棺材，因为橡树的于他是太贵了。"这期间，病人还在不住地说着昏话。"一会他看见了裁缝，向他定做带捉贼陷阱的外套，因为他觉得贼们不断地在他床下，并且他甚至时时叫主妇从他的被窝里拖贼；一会他问，他有新的外套，为什么在他的面前挂起旧的外套来；一会他觉得他立在一个将军面前，听着一阵好责骂，于是哀告道：有

◆派调：指腔调。

◆妈妈：泛指年长女性。

第四课　论小说

罪,大人!终之,竟乌七八糟臭骂起来,说出极可怕的话,这样,所以连老主妇也画起十字,她有生以来没有听他说过那类的话,尤其这些话是跟在'大人'两字的后面。……""终之,阿加克·阿加克维奇断了气。他房间里的东西都没有封起来,因为第一是没有继承人,第二呢,遗下的继承物很少,就是:一把鹅毛管,一帖公家的素纸,三双袜子,从裤子上落下来的两三个纽扣,和读者已经晓得的破外套。……""司里知道了阿加克·阿加克维奇的死,第二天在他的位子上已经坐着一位新的官吏,体干要高得多,写的笔道已经不用那样直笔道,却要斜曲得多了。"

写到这里,"外套"的故事已经完了,然而果戈里的创造还没有完,果戈里还继续写下去,写得更远,更深,更荒唐也更真实,而且把历史的预言也写在这里了。果戈里是最善于利用传说、迷信、时闻等等,与最深的人性,与社会的政治的大问题搅在一起的,像《鼻子》(鲁迅译),像《魏》(孟十还译),像初期写乌克兰的作品:是滑稽的,然而也是最庄严的;是可笑的,然而也是极可怕的;是没有道理的,然而又是多么的令人深思啊!他接着写道:

　　但是有谁能想像这里不真个是阿加克·阿加克维奇的结场,他却命定的在死后要哄动几天,好像报答他从来不为任何人所注意的一生?……谣言忽然传遍了彼得堡全城,说靠加邻金桥旁和邻近较远的地方,夜间死人出现,

◆《鼻子》:短篇小说,1934年鲁迅根据日文转译。讲述的是主人公的鼻子离奇失踪后发生的一系列荒唐的事情。

◆《魏》:也译作《维》。据果戈理自注,"维"是民众想象的巨大的创造物。小俄罗斯人(乌克兰人的旧称)是用这个名字来称呼神们的首领,那个眼皮一直耷拉到地面上的妖怪的。这整篇小说是一个民间传说。

◆藉口：借口。

像找寻被抢去的外套的官吏，并且藉口是被抢去的外套，他不分职业和品级，从肩上剥去各人的外套，无论是：猫皮，海獭皮，棉花，树狸皮，狐皮，熊皮，——一句话，人们为着护身而想到的各类毛皮。……警察已下令捉尸，不论死活，严重处罚，作别个榜样，连这也几乎办成了。就是，某地段的岗警，在克留什金小巷里，已经一把抓住了死人的领子，正在作恶的地方，图谋着剥下一位卸职的乐师身上的呢外套。一把抓住了死人的领子，他便叫来另外两个同事，托他们抓着他，他自己费不过一刻钟工夫往长靴里去摸，想从那里掏出桦皮鼻烟盒，略为清醒清醒自己冻得不得了的鼻子，但鼻烟实在是这一类的，连死人也受不了。岗警用手指闭住自己的右鼻孔，还没有来得及把半掌鼻烟送入左鼻孔，死人一喷嚏打得这么凶，喷得他们所有三个人满眼都是。当他们拿起拳来拭眼的时候，死人的踪影都不见了，所以连他们都不知道，以前他是不是真正在他们手里。从此以后，岗警们对于死人恐怖到这样，甚至连活的也怕捉，仅仅从老远喊起："喂，您，走你的路吧！"死官吏居然在加邻金桥那面出现，引起一般胆怯的人非同小可的畏惧。

写到这里，应该是结束了吧，然而还不，作者还要把另一个线索拾起来，"但是，我们完全把某一位阔老抛下了"，于是他写那位阔老，他，自

第四课 论小说

从责骂了阿加克·阿加克维奇,这个小官吏的影子差不多每天现到他心上来,等听说这个可怜虫已经暴死了的时候,他甚至"倾听着良心的谴责,而且整天心神不安"。关于这,我们必须相信,阔老的良心实在只是作者的希望罢了,作者要惩罚这些阔老们,所以这样说了,而且还使那阔老也遭了厄运。他从一个晚会出来,要到他的德国女姘头那里去,——我们当不会忘记,署长曾责问阿加克·阿加克维奇:"你为什么回来得这么晚?你是不是到什么不正经的人家去过?"——在风雪中,死人出现了,向他嘘出可怕的坟墓的气息,说道:"哈,这竟是你呀!到底我把你的领子抓住了!我也要用你的外套。我的你不操心,并且还责骂我——现在把你自己的交给我吧!"他吓得赶快就把自己的外套脱下来,向车夫喊道:"快快跑回家!"说也奇怪,从此以后,死官吏便完全中止出现了:

> 显见得将军的外套很适合他的肩胛,至少已经在任何处也听不见有这样的事情,谁从谁身上剥下外套了。不过有许多耽心好事之徒,怎样也不想安靖,说在僻远的城区死官吏依然出现。并且真是的,有一位珂罗绵地方的岗警亲眼看见鬼魂从一家住户后面怎样出现;但是因为自己体质不强……所以没敢使他停下,仅在黑暗里追随着,直到终之鬼魂猛然回头一望,停下问道:"你想要什么?"而且显出这样的拳头,在活人身上也找不着的。岗警说道:"没有什么,"并且立时转回去了。可

◆耽,dān,通"担"。

◆安靖:安定。

是鬼魂的体量高得多了，留着很大的胡子，并且，他的脚步，显然是向阿布禾夫桥上走去，完全隐没在夜的黑暗中了。

小说就这样作了结束。这结束使我们作何感想呢？首先，有几个特殊的印象将永久留在我们的记忆中：当阿加克·阿加克维奇被劫的时候，作者说那强盗的拳头之大，有如官吏的脑袋一般。大老爷们吃得脑满肠肥，脑袋自然是很大的，然而作者的意思毋宁是说：那肥大的脑袋却是当作了巨大拳头，这拳头是专向穷人们的脸上打来，这一打是专为了劫夺可怜的同类的。当那位阔老自己也造出了鬼怪，自己把外套扔丢之后，作者写道："从此以后，死官吏完全中止出现了：显见得将军的外套很适合他的肩胛……"是的，又有什么不合适的呢？受压迫者的寒冷正是为了压迫者的温暖，让温暖得太久的应当尝一尝寒冷，让寒冷得太久的应当也得到温暖，这个世界实在应该倒置一下，改造一下。所以作者最后说，警察的力量太小，而且也太胆怯，因为到处有鬼，而且，鬼魂的体量高得多了……鬼的增高与长大是象征着什么呢？说得远一些，说果戈里也作了那**大改造的预言**也许并不怎么过分吧。从这样看，如说果戈里是不懂得俄罗斯的生活，说他没有思想，——像某些批评家所说的——当然那是不见得全对的。至于这是不是一个鬼怪故事，——像爱仑·坡的《李奇亚》那样——当然也不成问题。作者说："警察已下令捉尸，不论死活，严重处罚"，这真是再好也没有了。可

◆大改造的预言：果戈理生活的19世纪上半叶，俄国正处于资产阶级兴起，农奴制逐步瓦解的历史阶段，社会矛盾尖锐，革命的情绪正在人民群众中酝酿。

能，正当其时，社会上也许正传说这样一个鬼的故事，这里的荒唐可笑是多么令人相信，令人可怕，而"李奇亚"的借尸还魂，虽然爱仑·坡在吓我们，我们不怕，虽然他在逼我们相信，我们却不相信他。在这里，两种作品，两种创作过程，孰优孰劣，可以明明白白了。

但是，最后，我们也许还记得那"鸟枪"的事实。然而那有什么关系呢？没有关系，那只是一粒种子，一个火星而已，假如作者写的小说是"鸟枪"，而不是"外套"，我们将看见什么呢？那么，作者是凭了什么本领而创造的呢？难道他真遇到过这样的事吗？没有的，像万垒赛耶夫所说的，他是凭了一种"推测别人的能力"而创造的。他自己也承认他有这样的本领，他说："我是一个鉴赏家，如果灵魂有一点儿露到外面来，它就逃不开我了，当没有开口说话的时候，我便先在脸上看见它了。"他又说："上帝把听取灵魂的美丽的感觉放在我的灵魂里了。"他在一封写给柏林斯基的但没有发表的信里也说到存在于他身上的这种"慧眼的天才"。这诚然是一种天才。但什么是天才呢？像我们曾经讲过的，天才者，就是那灵感最富的人，就是那想象力最高的人，而所谓创作是经验的集中而终之造成一个全新的世界，而经验之集中是凭了想象力的。我们可以说，《外套》所表现的这一切都是新的，因为它是作者的创造，但也可以说都是旧的，因为它必是早已含在作者的生活里，藏在作者的生命里。这些东西，像一些可燃的东西，但必须等那一点火星——"鸟枪"的事实——来点燃它,一经点燃了,于是就灼了起来,而且灼起来成为一团火。我们可以相信,当果戈里听安宁可夫说那"鸟枪"的事件时,他的生命一定受了震荡,就在那一顷刻,他就受了孕,由于他对于人生世事之体察入微,了解深切,由于他的文学修养,他的想象力之强,可能在那谈话的当时就已经有一个"完整的世界"在"焕然地觉醒"了,那就是所谓灵感之一闪。但也不一定,也许他怀孕较久,他当时也许并未完成那个"完整的世界",他再思索,再体察,也许不知又隔了多少时候,他终于怀胎十月而生产了。这样的创造过程是绝不同于爱仑·坡的《李奇亚》之创造过程的。他不从观念出发,却从事实出发,任何事实之中都有"人性",都有"意义",都有"道理",然而作者并不用这事实,甚至不用这人物,这意义,这道理;他生发开去,拓展开去,加深下去,由于他的生活、思想、情感,总之,由于他自己的看法,他创造了新的东西。

(选自《创作论》)

> 延展阅读

药

鲁 迅

一

秋天的后半夜,月亮下去了,太阳还没有出,只剩下一片乌蓝的天;除了夜游的东西,什么都睡着。华老栓忽然坐起身,擦着火柴,点上遍身油腻的灯盏,茶馆的两间屋子里,便弥满了青白的光。

"小栓的爹,你就去么?"是一个老女人的声音。里边的小屋子里,也发出一阵咳嗽。

"唔。"老栓一面听,一面应,一面扣上衣服;伸手过去说,"你给我罢。"

华大妈在枕头底下掏了半天,掏出一包洋钱,交给老栓,老栓接了,抖抖的装入衣袋,又在外面按了两下;便点上灯笼,吹熄灯盏,走向里屋子去了。那屋子里面,正在窸窸窣窣的响,接着便是一通咳嗽。老栓候他平静下去,才低低的叫道,"小栓……你不要起来。……店么?你娘会安排的。"

老栓听得儿子不再说话,料他安心睡了;便出了门,走到街上。街上黑沉沉的一无所有,只有一条灰白的路,看得分明。灯光照着他的两脚,一前一后的走。有时也遇到几只狗,可是一只也没有叫。天气比屋子里冷得多了;老栓倒觉爽快,仿佛一旦变了少年,得了神通,有给人生命的本领似的,跨步格外高远。而且路也愈走愈分明,天也愈走愈亮了。

老栓正在专心走路,忽然吃了一惊,远远里看见一条丁字街,明明白白横着。他便退了几步,寻到一家关着门的铺子,蹩进檐下，靠门立住了。好一会，身上觉得有些发冷。

"哼，老头子。"

"倒高兴……。"

老栓又吃一惊，睁眼看时，几个人从他面前过去了。一个还回头看他，样子不甚分明，但很像久饿的人见了食物一般，眼里闪出一种攫取的光。老栓看看灯笼，已经熄了。按一按衣袋，硬硬的还在。仰起头两面一望，只见许多古怪的人，三三两两，鬼似的在那里徘徊；定睛再看，却也看不出什么别的奇怪。

没有多久，又见几个兵，在那边走动；衣服前后的一个大白圆圈，远地里也看得清楚，走过面前的，并且看出号衣上暗红色的镶边。——一阵脚步声响，一眨眼，已经拥过了一大簇人。那三三两两的人，也忽然合作一堆，潮一般向前赶；将到丁字街口，便突然立住，簇成一个半圆。

老栓也向那边看，却只见一堆人的后背；颈项都伸得很长，仿佛许多鸭，被无形的手捏住了的，向上提着。静了一会，似乎有点声音，便又动摇起来，轰的一声，都向后退；一直散到老栓立着的地方，几乎将他挤倒了。

"喂！一手交钱，一手交货！"一个浑身黑色的人，站在老栓面前，眼光正像两把刀，刺得老栓缩小了一半。那人一只大手，向他摊着；一只手却撮着一个鲜红的馒头，那红的还是一点一点的往下滴。

老栓慌忙摸出洋钱，抖抖的想交给他，却又不敢去接他的东西。那人便焦急起来，嚷道，"怕什么？怎的不拿！"老栓还踌躇着；黑的人便抢过灯笼，一把扯下纸罩，裹了馒头，塞与老栓；一手抓过洋钱，捏一捏，转身去了。嘴里哼着说，"这老东西……。"

第四课 论小说

"这给谁治病的呀?"老栓也似乎听得有人问他,但他并不答应;他的精神,现在只在一个包上,仿佛抱着一个十世单传的婴儿,别的事情,都已置之度外了。他现在要将这包里的新的生命,移植到他家里,收获许多幸福。太阳也出来了;在他面前,显出一条大道,直到他家中,后面也照见丁字街头破匾上"古□亭口"这四个黯淡的金字。

二

老栓走到家,店面早经收拾干净,一排一排的茶桌,滑溜溜的发光。但是没有客人;只有小栓坐在里排的桌前吃饭,大粒的汗,从额上滚下,夹袄也帖住了脊心,两块肩胛骨高高凸出,印成一个阳文的"八"字。老栓见这样子,不免皱一皱展开的眉心。他的女人,从灶下急急走出,睁着眼睛,嘴唇有些发抖。

"得了么?"

"得了。"

两个人一齐走进灶下,商量了一会;华大妈便出去了,不多时,拿着一片老荷叶回来,摊在桌上。老栓也打开灯笼罩,用荷叶重新包了那红的馒头。小栓也吃完饭,他的母亲慌忙说:

"小栓——你坐着,不要到这里来。"

一面整顿了灶火,老栓便把一个碧绿的包,一个红红白白的破灯笼,一同塞在灶里;一阵红黑的火焰过去时,店屋里散满了一种奇怪的香味。

"好香!你们吃什么点心呀?"这是驼背五少爷到了。这人每天总在茶馆里过日,来得最早,去得最迟,此时恰恰蹩到临街的壁角的桌边,便坐下问话,然而没有人答应他。"炒米粥么?"仍然没有人应。老栓匆匆走出,给他泡上茶。

"小栓进来罢!"华大妈叫小栓进了里面的屋子,中间放好一条凳,小栓坐了。他的母亲端过一碟乌黑的圆东西,轻轻说:

"吃下去罢,——病便好了。"

小栓撮起这黑东西,看了一会,似乎拿着自己的性命一般,心里说不出的奇怪。十分小心的拗开了,焦皮里面窜出一道白气,白气散了,是两半个白面的馒头。——不多工夫,已经全在肚里了,却全忘了什么味;面前只剩下一张空盘。他的旁边,一面立着他的父亲,一面立着他的母亲,两人的眼光,都仿佛要在他身里注进什么又要取出什么似的;便禁不住心跳起来,按着胸膛,又是一阵咳嗽。

"睡一会罢,——便好了。"

小栓依他母亲的话,咳着睡了。华大妈候他喘气平静,才轻轻的给他盖上了满幅补钉的夹被。

三

店里坐着许多人,老栓也忙了,提着大铜壶,一趟一趟的给客人冲茶;两个眼眶,都围着一圈黑线。

"老栓,你有些不舒服么?——你生病么?"一个花白胡子的人说。

"没有。"

"没有?——我想笑嘻嘻的,原也不像……"花白胡子便取消了自己的话。

"老栓只是忙。要是他的儿子……"驼背五少爷话还未完,突然闯进了一个满脸横肉的人,披一件玄色布衫,散着纽扣,用很宽的玄色腰带,胡乱捆在腰间。刚进门,便对老栓嚷道：

"吃了么？好了么？老栓，就是运气了你！你运气，要不是我信息灵……。"

老栓一手提了茶壶，一手恭恭敬敬的垂着；笑嘻嘻的听。满座的人，也都恭恭敬敬的听。华大妈也黑着眼眶，笑嘻嘻的送出茶碗茶叶来，加上一个橄榄，老栓便去冲了水。

"这是包好！这是与众不同的。你想，趁热的拿来，趁热吃下。"横肉的人只是嚷。

"真的呢，要没有康大叔照顾，怎么会这样……"华大妈也很感激的谢他。

"包好，包好！这样的趁热吃下。这样的人血馒头，什么痨病都包好！"

华大妈听到"痨病"这两个字，变了一点脸色，似乎有些不高兴；但又立刻堆上笑，搭赸（shàn）着走开了。这康大叔却没有觉察，仍然提高了喉咙只是嚷，嚷得里面睡着的小栓也合伙咳嗽起来。

"原来你家小栓碰到了这样的好运气了。这病自然一定全好；怪不得老栓整天的笑着呢。"花白胡子一面说，一面走到康大叔面前，低声下气的问道，"康大叔——听说今天结果的一个犯人，便是夏家的孩子，那是谁的孩子？究竟是什么事？"

"谁的？不就是夏四奶奶的儿子么？那个小家伙！"康大叔见众人都耸起耳朵听他，便格外高兴，横肉块块饱绽，越发大声说，"这小东西不要命，不要就是了。我可是这一回一点没有得到好处；连剥下来的衣服，都给管牢的红眼睛阿义拿去了。——第一要算我们栓叔运气；第二是夏三爷赏了二十五两雪白的银子，独自落腰包，一文不花。"

小栓慢慢的从小屋子走出，两手按了胸口，不住的咳嗽；走到灶下，盛出一碗冷饭，泡上热水，坐下便吃。华大妈跟着他走，轻轻的问道，"小栓，你好些么？——你仍旧只是肚饿？……"

　　"包好，包好！"康大叔瞥了小栓一眼，仍然回过脸，对众人说，"夏三爷真是乖角儿，要是他不先告官，连他满门抄斩。现在怎样？银子！——这小东西也真不成东西！关在牢里，还要劝牢头造反。"

　　"阿呀，那还了得。"坐在后排的一个二十多岁的人，很现出气愤模样。

　　"你要晓得红眼睛阿义是去盘盘底细的，他却和他攀谈了。他说：这大清的天下是我们大家的。你想：这是人话么？红眼睛原知道他家里只有一个老娘，可是没有料到他竟会那么穷，榨不出一点油水，已经气破肚皮了。他还要老虎头上搔痒，便给他两个嘴巴！"

　　"义哥是一手好拳棒，这两下，一定够他受用了。"壁角的驼背忽然高兴起来。

　　"他这贱骨头打不怕，还要说可怜可怜哩。"

　　花白胡子的人说，"打了这种东西，有什么可怜呢？"

　　康大叔显出看他不上的样子，冷笑着说，"你没有听清我的话；看他神气，是说阿义可怜哩！"

　　听着的人的眼光，忽然有些板滞；话也停顿了。小栓已经吃完饭，吃得满身流汗，头上都冒出蒸气来。

　　"阿义可怜——疯话，简直是发了疯了。"花白胡子恍然大悟似的说。

　　"发了疯了。"二十多岁的人也恍然大悟的说。

　　店里的坐客，便又现出活气，谈笑起来。小栓也趁着热闹，拚命咳嗽；康大叔走上前，拍他肩膀说：

"包好！小栓——你不要这么咳。包好！"

"疯了。"驼背五少爷点着头说。

四

西关外靠着城根的地面，本是一块官地；中间歪歪斜斜一条细路，是贪走便道的人，用鞋底造成的，但却成了自然的界限。路的左边，都埋着死刑和瘐毙的人，右边是穷人的丛冢。两面都已埋到层层叠叠，宛然阔人家里祝寿时候的馒头。

这一年的清明，分外寒冷；杨柳才吐出半粒米大的新芽。天明未久，华大妈已在右边的一坐新坟前面，排出四碟菜，一碗饭，哭了一场。化过纸，呆呆的坐在地上；仿佛等候什么似的，但自己也说不出等候什么。微风起来，吹动他短发，确乎比去年白得多了。

小路上又来了一个女人，也是半白头发，褴褛的衣裙；提一个破旧的朱漆圆篮，外挂一串纸锭，三步一歇的走。忽然见华大妈坐在地上看他，便有些踌躇，惨白的脸上，现出些羞愧的颜色；但终于硬着头皮，走到左边的一坐坟前，放下了篮子。

那坟与小栓的坟，一字儿排着，中间只隔一条小路。华大妈看他排好四碟菜，一碗饭，立着哭了一通，化过纸锭；心里暗暗地想，"这坟里的也是儿子了。"那老女人徘徊观望了一回，忽然手脚有些发抖，跄跄踉踉退下几步，瞪着眼只是发怔。

华大妈见这样子，生怕他伤心到快要发狂了；便忍不住立起身，跨过小路，低声对他说，"你这位老奶奶不要伤心了，——我们还是回去罢。"

那人点一点头，眼睛仍然向上瞪着；也低声吃吃的说道，"你看，——看这是什么呢？"

华大妈跟了他指头看去，眼光便到了前面的坟，这坟上草根还没有全合，露出一块一块的黄土，煞是难看。再往上仔细看时，却不觉也吃一惊；——分明有一圈红白的花，围着那尖圆的坟顶。

他们的眼睛都已老花多年了，但望这红白的花，却还能明白看见。花也不很多，圆圆的排成一个圈，不很精神，倒也整齐。华大妈忙看他儿子和别人的坟，却只有不怕冷的几点青白小花，零星开着；便觉得心里忽然感到一种不足和空虚，不愿意根究。那老女人又走近几步，细看了一遍，自言自语的说，"这没有根，不像自己开的。——这地方有谁来呢？孩子不会来玩；——亲戚本家早不来了。——这是怎么一回事呢？"他想了又想，忽又流下泪来，大声说道：

"瑜儿，他们都冤枉了你，你还是忘不了，伤心不过，今天特意显点灵，要我知道么？"他四面一看，只见一只乌鸦，站在一株没有叶的树上，便接着说，"我知道了。——瑜儿，可怜他们坑了你，他们将来总有报应，天都知道；你闭了眼睛就是了。——你如果真在这里，听到我的话，——便教这乌鸦飞上你的坟顶，给我看罢。"

微风早经停息了；枯草支支直立，有如铜丝。一丝发抖的声音，在空气中愈颤愈细，细到没有，周围便都是死一般静。两人站在枯草丛里，仰面看那乌鸦；那乌鸦也在笔直的树枝间，缩着头，铁铸一般站着。

许多的工夫过去了；上坟的人渐渐增多，几个老的小的，在土坟间出没。

华大妈不知怎的，似乎卸下了一挑重担，便想到要走；—

面劝着说,"我们还是回去罢。"

　　那老女人叹一口气,无精打采的收起饭菜;又迟疑了一刻,终于慢慢地走了。嘴里自言自语的说,"这是怎么一回事呢?……"

　　他们走不上二三十步远,忽听得背后"哑——"的一声大叫;两个人都竦然的回过头,只见那乌鸦张开两翅,一挫身,直向着远处的天空,箭也似的飞去了。

主讲人 李广田

三论创作过程：
纪德的《浪子回家》

有一种创作过程，是从寓言或故事出发的，这和由事实出发者不一样。事实是已经有过的真实事件，而寓言或故事却是不必有其事，只是有人说出来或写出来，用以阐发一个观念，或一个道理的。[1]和果戈里因听了"鸟枪"的事实而写《外套》相似，有的作家也可以由一个寓言或故事而创造为另一作品，作品成功之后，内容的事件不同了，而其中所含的意义也与原来的故事或寓言完全异样了，A.纪德的《浪子回家》（André Gide: Le Retour de L'Enfant Prodigue, 1907），就是这样写成的。

《浪子回家》的根据是《新约·路加福音》第十五章 The Prodigal Son 的寓言，自第一节始，至章末止。原文如下：

> 耶稣又说：一个人有两个儿子，小儿子对父亲说："父亲，请你把我应得的家业分给我。"父亲就把产业分给他们。过了不多日子，小儿子就把他一切所有的，都收拾起来，往远方去了，在那里任意放荡，浪费赀财，既

◆《新约·路加福音》：即《新约全书·路加福音》。

◆ *The Prodigal Son*：译作浪子回头。

◆赀，zī，钱财。

---

[1] 见课后延展阅读：《促织》。

第四课　论小说

耗尽了一切所有的，又遇着那地方大遭饥荒，就穷苦起来，于是去投靠那地方的一个人。那人打发他到田里去放猪，他恨不得拿猪所吃的豆荚充饥，也没有人给他。他醒悟过来，就说，我父亲有多少个雇工，口粮有余，我倒在这里饿死吗？我要起来，到我父亲那儿去，向他说："父亲，我得罪了天，又得罪了你，从今以后，我不配称为你的儿子，把我当作一个雇工吧。"于是起来往他父亲那里去。相离不远，他父亲看见，就动了慈心，跑去抱着他的颈项，连连与他亲嘴。儿子说："父亲，我得罪了天，又得罪了你，从今以后我不配称为你的儿子。"父亲却吩咐仆人说："把那上好的袍子快拿出来给他穿，把戒指带在他指头上，把鞋穿在他脚上，把那肥牛犊牵来宰了，我们可以吃喝快乐，因为我这个儿子，是死而复活，失而又得的。"他们就快乐起来。那时，大儿子正在田里，他回来离家不远，听见作乐跳舞的声音，便叫过一个仆人来，问是什么事。仆人说："你兄弟回来了，你父亲，因为得他无病无灾回来，把肥牛犊宰了。"大儿子却生气，不肯进去。他父亲就出来劝他。他对父亲说："我服侍你这多年，从来没有违背过你的命，你并没有给我一只山羊羔，叫我和朋友一同快乐。但你这个儿子，和娼妓吞尽了你的产业，他一来了，你却为他宰了肥牛犊。"父亲对他说："儿啊，你常和我同在，我一

◆犊，dú，小牛。

切所有的，都是你的。只是你这个兄弟，是死而复活，失而又得的，所以我们理当欢喜快乐。"

这是一篇很有名的故事，论短篇小说的起源与结构的，都常常引用这故事为例，因为它虽是写于千百年前，却实已具备了现代短篇小说的特色：在人物的配合上，故事的发展与文字的经济上。至于这故事的意义，是非常清楚的，因为在这一章经文的开头所讲的就是"主接待罪人"。经文说：

> 众税吏和罪人，都挨近耶稣要听他讲道。法利赛人和文士，私下议论说，这个人接待罪人，又同他们吃饭。耶稣就用比喻说，你们中间谁有一百只羊，失去一只，不把这九十九只撇在旷野，去找那失去的羊直到找到呢？找到了，就欢欢喜喜地扛在肩上，回到家里，就请朋友邻舍来，对他们说，我失去的羊已经找着了，你们一同和我欢喜吧。我告诉你们，一个罪人悔改，在天上也要这样为他欢喜，比较为九十九个不用悔改的义人，欢喜更大。或是一个妇人，有十块钱，若失落一块，岂不点上灯，打扫屋子，细细地找，直到找到吗？找着了，就请朋友邻舍来，对他们说，我失落的那块钱已经找着了，你们一同和我欢喜吧。我告诉你们，一个罪人悔改，在上帝的使者面前，也是这样为他欢喜。

要接待罪人，也就是希望罪人悔改，这就是"浪子的比喻"的意义。但这故事到了纪德的手

◆ 税吏：帮助统治阶级收税的人，社会地位很低。

◆ 法利赛人和文士：犹太教中的上层人物，耶稣认为他们是伪善者，西方文学中常用来指代伪君子。

◆ 义人：虔诚信仰上帝、遵守律法、持身公正的人。

第四课　论小说

中就完全不同了。在纪德的小说里——毋宁说是诗里，因为这实在是一种诗的写法，一切寓言也都是诗的写法，——除却父亲、浪子、大儿子这三个原有的人物外，又添了母亲和小弟弟。为什么呢？并不只是为了故事的复杂化，——自然已是复杂化了——却是由于主题的改变，超越了原有的主题，纪德用这个寓言表现了他的新主题、新思想、新哲学，因此，人物多了，结构也不同了。它的结构是这样的：除了开首一个短短的引子，本文共分为五章，就是"浪子""父亲的责备""哥哥的责备""母亲""和弟弟的谈话"。

在第一章，"浪子"的开首，作者写道：

> 久别以后，厌倦了幻想，厌弃了自己，浪子在这种自寻的贫困中沉沦，想起了父亲的面孔，想起了那个并不小的房间，从前母亲常常凭依在他的床头的；想起了那个流水灌注的园子，终年的紧闭，从前老想逃出来的；想起了从来不爱的，节俭的哥哥，他倒把浪子不能挥霍的那部分财产还保留了下来呢——浪子自认他并未找到幸福，甚至于也无法再延长这种在幸福以外追寻的陶醉。

这以下，一直说到那位大哥，他板起一副生气的面孔来参加宴会，"他之所以肯出席，那是因为，看在弟弟的面上，且给他一夜的快乐，那是因为父母已经答应他明天申斥浪子，他自己也预备好好地教训他一顿。"中间的事情是和圣经上大致相同的。所不同者，只是添了一个特殊的，而且非常

◆圣经：即《圣经》。

◆火炬：火把。

◆食事：这里指与饮食相关的事。

重要的尾巴：

火炬薰天，食事完毕了。仆人打扫过了。现在，在没有半丝儿风起的夜里，阖宅疲倦了，一个一个都睡去了。然而，在浪子隔壁的房间里，我知道有一个孩子，浪子的弟弟，一夜到天亮，总是睡不着。

在这一章中，所有的人物都出现了，而且，把故事的根已埋在这里，把故事的结果——一个没有结果的结果——也在这里含了蓓蕾，因为，纪德的新的主题，是完全寄托在这个不能安睡的孩子身上的。

第二章是"父亲的责备"。从父亲的责备开始，这以下完全是用对话写成的。下面是父亲和浪子的主要对话：

"孩子，你当初为什么离开我？"

"我当真离开过你吗？父亲，你不是到处都在吗？我始终爱你，从没有忘掉过你啊。"

◆讬庇：同"托庇"，比喻依赖长辈或有权势者庇护。

"别强辩。我有家安置你。为了你才立的家。为了让你的灵魂得到讬庇，得到合式的逸乐，得到安适，得到正务，一代代辛苦下来了。你是后嗣，你是儿子，你为何逃出家呢？"

"因为家关住我。家，不是你，父亲。"

就在这简单的回答里，纪德的哲学作了发端。接着，当父亲责备他把所有带走的财产都已胡乱浪费了的时候，他却说：

"我把你的黄金换欢乐，把你的教训换幻

想,把我的纯洁换诗,把我的端严换欲望。"

而当父亲又问他:"那末是贫困把你逼上我这儿来了?"他却说:

"我不知道,我不知道。倒是在沙漠的干燥中我最爱口渴呢。"

这一章的结束是父亲说:

"如果你觉得没有气力了,你自然可以回来了。现在去吧,到我给你预备的房间里去吧。今天够了,你休息吧,明天跟你的哥哥再谈。"

第三章就是"哥哥的责备"。做大哥的,认为自己是合乎常道的,弟弟则是不合常道的,因此,他劝弟弟要"持守你所有的","免得人夺去你的冠冕"。"你所有的就是你的冠冕。""持守吧,弟弟!持守吧。"他这么说。但当他问浪子"是什么东西引你离家"的时候,浪子的回答却是:

"我老觉得'家'不是全宇宙。我自己呢,我并不是完全如你所盼望的那样一种人。我不由自主地想像另外的文化,另外的地方,想到许多路可以走,许多路没有人踩过;我想像我身上觉得有一个新生命跳出来了。我就逃走了。"

他们的谈话是不会得出什么一致的结论来的,最后是哥哥说:

"那么,祝福你的疲倦!现在去睡觉吧。明天母亲跟你再谈。"

第四章是"母亲"。在这里,和在"父亲的责备"中相似，对话的调子是相当柔缓的。当母亲问浪子，从前他离开家所追寻的是不是"幸福"的时候，他说："我并不想追寻幸福。"这"幸福"二字是母亲眼里的幸福，当然并非浪子的幸福。而当母亲又问他："你追寻什么呢？"他的回答是：

"我追寻……我是谁。"

母亲代他回答："啊！你是你父母的儿子，你弟兄的弟兄。"这当然更不是浪子的所谓"我是谁"。他们又谈到了弟兄。以下是关于那个"太好读书，又不常读好书……常常爬到花园里最高的地方，从那儿……望过墙头去，望得见四乡"的弟弟：

"听我说；现在有一个孩子，你早就可以管管了。"

"你说什么，你讲谁呢？"

"讲你的弟弟，你离家的时候他还不满十岁，你不大认识他了，他却……"

"讲吧，母亲，你为什么不安呢，现在？"

"在他身上你却可以认出你自己来。因为他和你离家的时候完全一样。"

"像我？"

"像你从前一样，我对你说，可惜，唉！还不像你现在一样变过来。"

"愿他将也变过来。"

"但愿马上叫他变过来。你跟他谈谈去：他一定会听你的，你这浪子。好好地告诉他路上有多少的艰难，免了他……"

最后，浪子答应去劝弟弟，母亲吻了他，像小时候临睡前吻他一样,并说:"去睡觉吧。我去给你们祈祷一下。"

第五章是"和弟弟的谈话"。像他的大哥哥对待他一样,他去对待他的弟弟,他要劝弟弟"持守",他也骂弟弟"狂妄之至",可是他失败了,其实他也是成功的,因为他把希望交给了弟弟,终于鼓舞了弟弟,让弟弟出走了。弟弟谈到他归来的那一晚,说道:

"你回来那一晚,我睡不成觉。整夜我想着:我另外还有一个哥哥,我却不知道……就为了这个,我的心才那么厉害的跳着,当我在院子里看见你走进来,满身罩满了光彩。"

"唉,我那时候是罩着破衣服呀!"

"是的,我看见的。可是早就光彩奕奕了。我又看见父亲在做什么了:他给你带一只戒指,大哥没有的戒指。我不想向谁问你的底细,我只知道你是从很远的地方来,你的眼睛,在酒筵上……"

当浪子有意劝说弟弟,说自己:"我从前也希望过。看我的脚能带我多远,我就走多远,像扫罗寻他的驴子,我寻我的欲望,可是他找到了王国,我却寻到了苦难。然而……"弟弟却问他:

"莫非你迷了路了?"

"我是一直向前走的。"浪子说。

"你敢自信吗?然而还有旁的王国,还有无王的国土,你可以发现呢。"

"谁告诉你的?"

◆扫罗:即保罗,原名扫罗。古以色列的第一位国王。《圣经》有载,他出门寻找父亲丢失的驴子,遇到先知撒母耳,被其立为以色列国王。

"我知道的。我感觉到的。我彷佛早已在那儿统治了。"

以后,当浪子告诉弟弟,说他已怀疑一切,自己也闹不清在沙漠中所寻找的是什么东西的时候,就渐渐地引到了寓言的顶点。弟弟说:

"你站起来吧。看床头桌子上,那边,那本撕破的书旁边。"

"我看见一只开了口的石榴。"

"这是那一晚牧猪人带给我的,那一次他出去了三天。"

"对了,这是一只野石榴。"

"我知道,它是酸得有点儿可怕的,然而我觉得,如果我渴极了,我会咬它吃的。"

"啊!现在我可以告诉你了:我在沙漠里就是找这种口渴。"

"这种口渴非吃这种不甜的水果不能解……"

"不,越吃越喜欢这种口渴。"

最后,弟弟终于说:

"听我说,你知道我今晚为什么等你?不等今夜完了我就要出去呢。今夜,今夜,不等发白了……我已经束好腰了,今夜我已经藏好草鞋了。"

"什么!我不能干的,你倒要干了?……"

"你给我开了路,想到你,我就会有勇气。"

"我应该敬佩你,你倒应当忘掉我。你带

什么东西呢?"

"你知道的,我是小儿子,没有什么家产承继的。我出去,什么也不带。"

"倒是这样好。"

"你从窗口看到什么了?"

"我们先人睡在那儿的园子。"

"哥哥……"(孩子从床上站起来,用了变得和声音一样温柔的胳臂,围住浪子的脖子。)"跟我一块儿走吧。"

"留下我吧!留下我吧!留下我来安慰母亲吧。没有我,你一定更勇敢。现在是时候了。天发白了。一声不响地走吧。来!吻我一吻吧,弟弟,你带走了我一切的希望。勇敢点,忘掉我们,忘掉我。但愿你不至于回来……慢慢的走下去。我拿灯……"

"啊,握我的手,一直到大门。"

"留心石阶……"

这个小弟弟的新生活的开始,就是这篇小说的结束。这结束,在文章的开始,在第一章的末尾就已经埋伏了,在浪子第一天回家的夜里,"浪子的弟弟,一夜到天亮,总是睡不着"。从弟弟的"不安",到弟弟的出走,作者表现了他的新思想,新哲学。这是一种什么哲学呢?要回答这问题,与其用我们的话来说,也许还不如用作者自己的话来说更好些。在后于《浪子回家》的《新的粮食》(公元1935年)中,作者写道:

啊,新的不安!种种还没有揭出的问题!

昨日的苦恼使我厌倦了：我已经尝尽了它的苦味；我不再相信它；我俯瞰未来的深渊已经不感觉头晕了。深渊的风啊，带我去。

新的不安！这就是那弟弟的不安，弟弟的睡不着的原因，这就是他在罩了破烂衣服的浪子身上看见"满身罩了光彩"的那原因。要进一步说明这道理，我们必须再说明纪德的一种人生观念，这种观念我们可以称之为"渴思饮"的哲学。在《浪子回家》的第二章中，浪子对父亲说："倒是在沙漠的干燥中我最爱口渴呢。"在第五章"和弟弟的谈话"中谈到那只野石榴，浪子说："我在沙漠中就是找这种口渴。"这种思想，早在《浪子回家》以前，在1897年出版的《地粮》中，就一再地阐发过了，在《石榴之歌》以及其他几篇里，作者一再地说：

> 我感官中最温馨的快乐，
> 曾是渴时得饮。

在《我一切欲望之旋曲》中说：

> 我不知道那晚我曾梦到什么。
> 当我醒来时我的一切欲望都感到焦渴。
> 好像在睡眠中，它们曾穿尽了沙漠。

这人生中的渴望，这种生命的力量，永远渴，永远向上，永远追求新的，朝向无穷的希望，是永不能满足的，虽然作者在《地粮》卷六的开首说：

> 地上涌出的水源远超出我们的口渴所需要的水滴。
> 不断的更新的水，天空的水气重又落到

◆《地粮》：散文诗集。是纪德游历北非、意大利之后，杂糅东方传说、圣经故事、尼采著作等写成的。其语言富有浓郁的抒情色彩，热情讴歌了人之生命与自由，认为应该摒弃清规戒律，充分感受自然，享受人生。

地上。

但是可惜：

> 神的诫条，你们曾使我灵魂创痛。
>
> 神的诫条，你们将是十诫或二十诫？
>
> 你们的限制将紧缩到何种境地？
>
> 你们将教人以永远有着更多被禁的事物？
>
> 对人间我将认为最美的事物的渴求又该加以新的惩罚？
>
> 神的诫条，你们曾使我灵魂得病。
>
> 你们用高墙围禁起能使我解渴的惟一水源。

这所谓神的诫条，这所谓围禁起那能使人解渴的水源的高墙，表现在《浪子回家》中的，便是"家"，所以在第二章中，父亲问浪子当初为什么逃出去，浪子说，"因为家关住我……"所以在第四章中，这个曾经是"父母的儿子，弟兄的弟兄"的浪子，他说他在外面所追求的，乃是"我是谁"。他在这个"家"里边，在"围墙"内，在神的，父兄的种种诫条中，他已不知道他是谁，他的生命枯竭，因为没有新的水源。于是他必须逃开。这在《新的粮食》中，就表现为如下的诗章：

> ……别满足于观看：要观察。
>
> 那时候你就会注意到凡是年轻的都是柔嫩的，那一个芽不是包了多少层苞衣呢！可是原先是保护柔嫩的胚芽的一切都妨碍它了，一等到芽已经萌发了；而任何生长都是不可能的，除非先裂开苞衣，原先包扎它的东西。

◆十诫：《圣经》中，上帝为人类制定的十条戒律，由上帝耶和华亲授，摩西颁发施行。

人类珍惜自己的襁褓，可是只有会解脱它，才长得大。断了奶的孩子并不是忘恩的，如果他推开母亲的乳房。他所需要的已经不是奶了。你不会再同意，同志，向人类蒸馏过，滤过的传统的奶里找养料了。你的牙齿长在那里是为了咬，为了嚼的，你该在现实里找食物。赤裸裸的站起来，勇敢的，裂开苞衣，撕开保护人，为了笔直地长起来，你现在只需要你的树液的冲动，太阳的召唤了。

你会注意到一切植物都抛远自己的种子。或者就是种子，浑身包裹了美味，诱引了飞鸟的食欲，把它们带到否则自己到不了的地方；或者装上了螺旋桨，苴毛，委诸飘游的风飙。因为，把同一植物饲养了太久，土壤就贫瘠了，中毒了，新的一代不会跟第一代一样的在原处找到养料。别想法重新吃你的祖先已经消化过的东西。看看枫木或者青榆生翅膀的种子为何飘飞吧，它们就彷佛懂得亲荫只会给它们消瘦与萎缩。

而这也就是浪子为什么逃走的原因，也就是浪子归来后对哥哥所说的，"我老觉得家不是全宇宙……我不由自主地想到另外的文化，另外的地方，想到许多路可以走，许多路没有人踩过；我想我身上觉得有一个新的生命跳出来了。我就逃走了"。这道理，不但适用于一个人，也适用于整个的文化，不但适用于感官上的焦渴，也适用于人类生活的向上追求。从"感官中最温馨的快乐"，到

◆委诸：托付给，交付给。

◆飙：暴风。也泛指风。

第四课　论小说

人类文化的发展,这是纪德的思想的道路,也是人类历史的法则。这是无穷无尽的进步,目标永远在前边,正如纪德在《新的粮食》中所说:"可移动的天际就做我的界限,在斜射的阳光下,你退得更远了,你渺茫了,你发蓝了。"这也就是为什么,哥哥回来了,而弟弟又必须出走,而这个弟弟也将有无数的小弟弟,每一个弟弟都比哥哥更好,更进步,而每个回来的也就对那个新人说,如《新的粮食》中所说,"我活过了,现在该轮到你了,今后是在你身上延长我的青春了。我把职权移交你。如果我感到你继承我,我将甘心情愿的死了。我把我的希望传给你。"这也就是浪子在送弟弟上路时所说的:"你带走了我一切的希望。勇敢点,忘掉我们,忘掉我。但愿你不至于回来……"哥哥对弟弟,前代对后代,也并不是没有帮助的,那就是,在黑暗中拿一盏灯,牵着手送到大门,并警告说:"留心石阶。"那么,为什么浪子一定要回来呢?这只要看看历史,凡是衰老的文化,其最清楚的表现,每每是复古的,是留下安慰母亲的,是留下看守先人睡在那儿的园子的,是崇拜偶像的,也就可以明白了。

但是,谈到这里,我们早已经把《路加福音》中那个浪子的寓言完全忘怀了,因为它们实在完全两样,虽然这是从那里发生出来的。不过它们中间也还正有相同的地方,那就是,同是寓言,同是诗。这和果戈里的《外套》不同,《外套》使我们相信有其事,《浪子回家》并不一定要我们相信有其事，我们却相信这真理。这和爱仑·坡的《李奇亚》当然也不同，我们既不能相信李奇亚的借尸还魂，结果把格兰维尔的"意志不灭论"也弄得不像样了。

（选自《创作论》）

延展阅读

促　织

[清] 蒲松龄

【原文】

宣德间，宫中尚促织之戏，岁征民间。此物故非西产；有华阴令欲媚上官，以一头进，试使斗而才，因责常供。令以责之里正。市中游侠儿得佳者笼养之，昂其直，居为奇货。里胥猾黠，假此科敛丁口，每责一头，辄倾数家之产。

邑有成名者，操童子业，久不售。为人迂讷，遂为猾胥报充里正役，百计营谋不能脱。不终岁，薄产累尽。会征促织，成不敢敛户口，而又无所赔偿，忧闷欲死。妻曰："死何裨益？不如自行搜觅，冀有万一之得。"成然之。早出暮归，提竹筒铜丝笼，于败堵丛草处，探石发穴，靡计不施，迄无济。即捕得三两头，又劣弱不中于款。宰严限追比，旬余，杖至百，两股间脓血流离，并虫亦不能行捉矣。转侧床头，惟思自尽。

时村中来一驼背巫，能以神卜。成妻具资诣问。见红女白

第四课　论小说

婆，填塞门户。入其舍，则密室垂帘，帘外设香几。问者爇香于鼎，再拜。巫从旁望空代祝，唇吻翕辟，不知何词。各各竦立以听。少间，帘内掷一纸出，即道人意中事，无毫发爽。成妻纳钱案上，焚拜如前人。食顷，帘动，片纸抛落。拾视之，非字而画：中绘殿阁，类兰若。后小山下，怪石乱卧，针针丛棘，青麻头伏焉。旁一蟆，若将跳舞。展玩不可晓。然睹促织，隐中胸怀。折藏之，归以示成。

成反复自念，得无教我猎虫所耶？细瞻景状，与村东大佛阁真逼似。乃强起扶杖，执图诣寺后，有古陵蔚起。循陵而走，见蹲石鳞鳞，俨然类画。遂于蒿莱中侧听徐行，似寻针芥。而心目耳力俱穷，绝无踪响。冥搜未已，一癞头蟆猝然跃去。成益愕，急逐趁之，蟆入草间。蹑迹披求，见有虫伏棘根。遽扑之，入石穴中。掭以尖草，不出；以筒水灌之，始出，状极俊健。逐而得之。审视，巨身修尾，青项金翅。大喜，笼归，举家庆贺，虽连城拱璧不啻也。上于盆而养之，蟹白栗黄，备极护爱，留待限期，以塞官责。

成有子九岁，窥父不在，窃发盆。虫跃掷径出，迅不可捉。及扑入手，已股落腹裂，斯须就毙。儿惧，啼告母。母闻之，面色灰死，大骂曰："业根，死期至矣！而翁归，自与汝覆算耳！"儿涕而出。

未几，成归，闻妻言，如被冰雪。怒索儿，儿渺然不知所往。既得其尸于井，因而化怒为悲，抢呼欲绝。夫妻向隅，茅舍无烟，相对默然，不复聊赖。日将暮，取儿藁葬。近抚之，气息惙然。喜置榻上，半夜复苏。夫妻心稍慰，但蟋蟀笼虚，顾之则气断声吞，亦不敢复究儿。自昏达曙，目不交睫。东曦既驾，僵卧长愁。忽闻门外虫鸣，惊起觇视，虫宛然尚在。喜而捕之，一鸣辄跃去，行且速。覆之以掌，虚若无物；手裁举，则又超忽而跃。急趁之，折过墙隅，迷其所往。徘徊四顾，见虫伏壁上。审谛之，短小，黑赤色，顿非前物。成以其小，劣之。惟彷徨瞻顾，寻所逐者。壁上小虫忽跃落衿袖间。视之，形若土狗，梅花翅，方首，长胫，意似良。喜而收之。将献公堂，惴惴恐不当意，思试之斗以觇之。

村中少年好事者驯养一虫，自名"蟹壳青"，日与子弟角，无不胜。欲居之以为利，而高其直，亦无售者。径造庐访成，视成所蓄，掩口胡卢而笑。因出己虫，纳比笼中。成视之，庞然修伟，自增惭怍，不敢与较。少年固强之。顾念蓄劣物终无所用，不如拼博一笑，因合纳斗盆。小虫伏不动，蠢若木鸡。少年又大笑。试以猪鬣毛撩拨虫须，仍不动。少年又笑。屡撩之，虫暴怒，直奔，遂相腾击，振奋作声。俄见小虫跃起，张尾伸须，直龁敌领。少年大骇，解令休止。虫翘然矜鸣，似报主知。成大喜。方共瞻玩，一鸡瞥来，径进以啄。成骇立愕呼。幸啄不中，虫跃去尺有咫。鸡健进，逐逼之，虫已在爪下矣。成仓猝莫知所救，顿足失色。旋见鸡伸颈摆扑，临视，则虫集冠上，力叮不释。成益惊喜，掇置笼中。

翼日进宰，宰见其小，怒诃成。成述其异，宰不信。试与他虫斗，虫尽靡。又试之鸡，果如成言。乃赏成，献诸抚军。抚军大悦，以金笼进上，细疏其能。既入宫中，举天下所贡蝴蝶、螳螂、油利挞、青丝额一切异状遍试之，无出其右者。每闻琴瑟之声，则应节而舞。益奇之。上大嘉悦，诏赐抚臣名马衣缎。抚军不忘所自，无何，宰以卓异闻，宰悦，免成役。又嘱学使俾入邑庠。后岁余，成子精神复旧，自言身化促织，轻捷善斗，今始苏耳。抚军亦厚赉成。不数岁，田百顷，楼阁万椽，牛羊蹄躈各千计；一出门，裘马过世家焉。

异史氏曰："天子偶用一物，未必不过此已忘；而奉行者即为定例。加以官贪吏虐,民日贴妇卖儿,更无休止。故天子一跬步,皆关民命,不可忽也。独是成氏子以蠹贫,以促织富,裘马扬扬。当其为里正、受扑责时,岂意其至此哉?天将以酬长厚者,遂使抚臣、令尹,并受促织恩荫。闻之:一人飞升,仙及鸡犬。信夫!"

【译文】

明朝宣德年间,皇宫中极为盛行斗蟋蟀的游戏,每年皆向民间征收蟋蟀。这东西原本在陕西不受重视。但陕西华阴县有一县官,想讨好上级官员,就献上了一只蟋蟀。上级官员试着让它斗了一下,它显示出了勇敢善斗的本领,于是上级官员便责令县官经常供应。县官又把差事派给里正。街上那些游手好闲、不务正业的年轻人,一旦捉到好蟋蟀,就用竹笼饲养,抬高它的价格,将其储存起来,当作珍奇货物一般待价而沽。乡里的差役们奸猾狡诈,借此机会向百姓摊派费用,往往每摊派一只蟋蟀,就导致好几户人家破产。

县里有个名叫成名之人,是个读书人,多次考秀才都没考中。他为人迂拙又不善言辞,便被狡黠的小吏报至县里,让他充当里正的差役,他想尽方法还是推托不掉。不到一年,微薄的家产就逐渐耗光了。恰逢征收蟋蟀之时,成名不敢向百姓勒索,却又无钱抵偿,心中忧愁苦闷,甚至想要寻死。妻子说:"死又有何益处?不如自行去寻找,希望有万分之一的可能捉到一只。"成名觉得这话很有道理,于是早出晚归,提着竹筒丝笼,在破墙脚下、荒草丛中,又是挖石头,又是掏大洞,各种办法都用尽了,却最终未能成功。即便捉到两三只,也是又弱又小,不合要求。县官规定了期限,严厉追逼,成名在十几天里被打了上百板子,两条腿脓血四溢,连蟋蟀都无法去捉了,躺在床上辗转反侧,一心只想自杀。

这时，村里来了一位驼背的巫婆，她能够凭借神力占卜。成名的妻子备好礼钱前去求神问卜。只见年轻女子和白发老妪挤满了门口。成名的妻子走进巫婆的屋内，只瞧见昏暗的房间拉着帘子，帘外摆放着香案。求神之人在香炉上点燃香，拜了两拜。巫婆在一旁望着空中为他们祈祷，嘴唇一张一合，不知在念叨着什么。众人都恭敬地站着聆听。过了一会儿，从室内丢出一张纸条，上面写着求神之人心中所想所问之事，毫无差错。成名的妻子将钱放在案上，如同前面的人一般烧香跪拜。大约一顿饭的工夫，帘子动了，一片纸飘落下来。拾起一看，并非文字，而是一幅画，画中绘有殿阁，宛如寺庙一般；殿阁后面的山脚下，横着一些形状怪异的石头，长着一丛丛荆棘，一只青麻头蟋蟀伏在那里；旁边有一只癞蛤蟆，好似要跳跃起来的模样。她展开看了一会儿，不明白其中的意思。但看到上面画着蟋蟀，正与自己的心事暗合，便将纸片折叠好收起来，回家后交给成名看。

成名反复琢磨，难道这是在指示我捉蟋蟀的地方吗？仔细端详图上的景物，与村东的大佛阁极为相似。于是他强忍疼痛爬起来，拄着拐杖，拿着图来到寺庙后面，只见一座古坟高高隆起。成名沿着古坟前行，看到一块块石头如同鱼鳞般排列，与画中情景一模一样。他在野草中一边侧耳倾听一边缓缓前行，仿佛在寻找一根针或是一株小草；然而心力、视力、耳力都耗尽了，却依旧没有发现一点蟋蟀的踪迹和声响。他正全神贯注地探寻着，突然一只癞蛤蟆跳了过去。成名愈发惊奇，急忙追赶，癞蛤蟆跳进了草丛中。他便顺着癞蛤蟆的踪迹，拨开草丛寻找，只见一只蟋蟀趴在棘根下面。他急忙扑过去捉它，蟋蟀跳进了石洞。他用细草轻轻拨动，蟋蟀不出来；又用竹筒取来水灌进石洞里，蟋蟀这才出来，模样极其俊美健壮。他赶忙追赶并抓住了它。仔细一看，这只蟋蟀个头大，尾巴长，青色的脖颈，金黄色的翅膀。成名格外高兴，用笼子装起来提回家，全家都为此庆贺，觉得即使价值连城的宝玉也比不上它，把它装在盆里，并用蟹肉和栗实喂养它，呵护得无微不至，只等期限一到，就把它送到县里去交差。

成名有个儿子，年仅九岁。看到父亲不在家，便偷偷地打开盆子查看。蟋蟀猛地跳了出来，速度之快让人根本来不及捕捉。等孩子好不容易抓到时，蟋蟀的腿已经掉了，肚子也破了，没过一会儿就死了。孩子心中害怕，哭着跑去告诉妈妈。妈妈听后，脸色煞白，大惊失色道："你这祸种，死期到了！等你父亲回来，肯定会找你算账！"孩子哭着跑开了。

没过多久，成名回来了，听妻子讲述了事情的经过，全身仿佛被冰雪覆盖一般。他怒气冲冲地去寻找儿子，却发现儿子不知去向，踪影全无。后来在井里找到了儿子的尸体，于是怒气瞬间化为悲痛，呼天抢地，悲痛到了极点。夫妻二人对着墙角流泪哭泣，茅屋里没有了炊烟，二人面对面坐着，一句话也不说，不再有所指望。直到傍晚时分，他们才准备用草席裹着儿子埋葬。夫妻二人走近一摸，发现孩子还有微弱的气息。他们欣喜地把孩子放在床上，半夜里孩子苏醒过来。夫妻二人略感宽慰，但蟋蟀笼空着，成名回头看到就急得气都喘不上来，话也说不出来，却也不敢再追究儿子的责任。从晚上到天亮，他连眼睛都没合一下。东方的太阳已经升起，他还直挺挺地躺在床上发愁。忽然听到门外有蟋蟀的叫声，他吃惊地起身仔细查看，那只蟋蟀仿佛还在。他高兴地伸手去捉它，那蟋蟀一跳就跑了，速度非常快。他用手掌去罩住它，手心空空如也，好像什么都没有；手刚举起，蟋蟀却又远远地跳开了。成名急忙追赶它，转过墙角，又不知道它跑到哪里去了。他东张西望，四处寻找，才看见一只蟋蟀趴在墙壁上。成名仔细观察它，个头小，黑红色，立刻知道它不是先前那只。成名因为它个头小，看不上它。但他仍然不停地来回寻找，寻找他之前追捕的那只。这时，墙壁上的那只小蟋蟀忽然跳到他的衣袖上了。再仔细一看，它形状像蝼蛄，有着梅花翅膀，方头长腿，成名觉得它好像还不错。于是高兴地收养了它，准备献给官府，心里却惴惴不安，担心不合县官的心意。他想先试着让它斗一下，看看它的本事如何。

村里有个好事的年轻人，养着一只蟋蟀，自己为它取名叫"蟹壳青"。他每日与其他少年斗蟋蟀，没有一次不胜。他想把这只蟋蟀留着当作奇货，以牟取暴利，便抬高价格，然而却没有买者。有一天，这个少年直接来到成名家，看到成名所养的蟋蟀后，发出轻蔑的笑声。接着，他取出自己的蟋蟀，放进比笼里。成名一看对方的蟋蟀又长又大，自己越发感到羞愧，不敢拿自己的小蟋蟀与少年的"蟹壳青"较量。少年坚持要斗，成名心想养着这样低劣的东西，终究没什么用处，不如让它们斗一斗，换得一笑了事。于是，他把两个蟋蟀放在一个斗盆里。小蟋蟀趴在那里一动不动，呆呆的如同木鸡一般，少年又大笑起来。接着，少年试着用猪鬃毛撩拨小蟋蟀的触须，小蟋蟀仍旧不动，少年再次大笑。撩拨了好几次后，小蟋蟀突然大怒，径直向前冲去，于是两只蟋蟀跳起来相互攻击，振翅叫唤。不一会儿，只见小蟋蟀跳起来，张开尾巴，竖起触须，直接咬住对方的脖颈。少年大惊，急忙分开它们，让它们停止扑斗。小蟋蟀鼓起翅膀得意地鸣叫，好像在向主人报捷。成名大喜。两人正在观赏时，突然来了一只鸡，直向小蟋蟀啄去。成名吓得惊叫起来，幸好没有啄中，小蟋蟀一跳有一尺多远。鸡又大步追过去，小蟋蟀已被压在鸡爪下。成名惊慌失措，不知如何救它，急得直跺脚，脸色都变了。忽然，又见鸡伸长脖子

第四课 论小说

扭摆着头，到跟前仔细一看，原来小蟋蟀已蹲在鸡冠上，用力叮着不放。成名越发惊喜，把小蟋蟀捉下放到笼中。

次日，成名将蟋蟀献给县官。县官见蟋蟀小，怒斥成名。成名便讲述了这只蟋蟀的奇特本领，县官却不信。试着让它与别的蟋蟀搏斗，所有的蟋蟀都被它斗败了。又试着让它与鸡斗，果然如成名所说。于是县官奖赏了成名，并把蟋蟀献给了巡抚。巡抚特别喜爱，用金笼装着献给皇帝，还上了奏本，详细叙述了蟋蟀的本领。到了宫里后，凡是全国进献的蝴蝶、螳螂、油利挞、青丝额以及各种稀有的蟋蟀，都与这只小蟋蟀斗过了，没有一只能占上风。它每逢听到琴瑟之声，都能按照节拍跳舞，众人越发觉得惊奇。皇帝更加喜爱，便下诏赏赐巡抚好马和锦缎。巡抚不忘好处从何而来，不久，县官也因才能卓越而闻名。县官一高兴，就免了成名的差役，又嘱咐主考官，让成名中了秀才。过了一年多，成名的儿子精神恢复了。他说自己变成了一只蟋蟀，轻快且善于搏斗，现在才苏醒过来。巡抚也重赏了成名。没过几年，成名就有了一百多顷田地以及众多亭台楼阁，还有成百上千的牛羊。每次出门，身穿轻裘，骑着高头骏马，比官宦世家还要阔气。

异史氏说："皇帝偶尔使用一件物品，未必不是用过之后就遗忘了；然而下面执行的人却将其当作了定例。再加上官吏贪婪残暴，老百姓一年到头抵押妻子去借钱，或是卖掉孩子，却仍是没完没了。所以皇帝的一举一动，都关系着百姓的性命，不可轻视啊！唯独这个成名，因官吏的侵害而贫困，又因进贡蟋蟀而致富，穿上名贵的皮衣，坐上豪华的马车，扬扬得意。当他担任里正而遭受责打的时候，哪里能想到会有这样的境遇呢！老天要用这种方式来酬报那些老实忠厚的人，就连巡抚、县官都受到蟋蟀的恩惠了。听闻'一人得道成仙，连鸡狗都能上天'，这话真是一点都没错啊！"

主讲人 李广田

四论创作过程：
一个结论

除却以上三种——由观念出发的，由事实出发的，由寓言或故事出发的——创造过程之外，是不是还有其他的创造过程呢？严格地说起来，可以说是没有的，但事实上不但有，而且可能还是最多的，那就是根据事实，加以剪裁生发而成的作品。所谓根据事实，是和由事实出发不同的。由事实出发，如果戈里的《外套》，那"事实"只成为一个引子——其实和那寓言故事之作为引子一样——作者写成之后，已经完全或差不多与原来的引子没有关系，而根据事实的则只是把那事实本身写下来。我们经过一件事，遇见一件事，或听说一件事，觉得这件事可以成为一件作品的材料，于是要把它写下来。但一件客观的事实，并不等于一件作品，当作者创造的时候，还必须有所剪裁，有所生发，而且，最重要的，就是同一件事实，由于作者的思想不同，就可能有种种不同的写法，这一点，当我们论《思想与创作的关系》时，已经说过了。既然如此，所以我们说严格地说起来，实在没有完全把事实写出来便成为作品的，即使有一种偶然的机会，那客观的事实之直接写照，就成为一件佳作，这也是不足为训的，何况，这样的机会到底太少了。不过和以前那三种写作过程相对而言，我们也可以承认这也是写作过程之一种。

关于这种根据事实而成的作品，我想勉强以A.托尔斯泰的《保卫察里津》（原名为《粮食》，或译为《面包》。察里津即今斯大林格勒）为例。A.托尔斯泰是"苏联最优秀和最有声望的作家之一"（莫洛托夫语），《保卫察里津》也是一部有名的大著。这小说写于一九三五至一九三七，它和《十八年》及《阴暗的早晨》合称为"在苦难里进行"三部曲，并曾于一九四二年获得斯大林第一等文艺奖金。曹靖华先生在"译者序"里说：

> 《保卫察里津》，按它的性质说来，这是一部历史小说。它的主要任务，是要把俄国革命的历史，活生生地表现到文学里，把民众的斗争、愤怒和丰功伟业的场面，表现到文学作品里。这是苏联文学中写国内战争的一通纪念碑。这是写国内战争最生动的一个阶段——一九一八年春季和夏季，那时德国侵略者占领了乌克兰，暴动了的捷克军队，把西伯利亚的产粮区和苏联革命的心脏——彼得堡和莫斯科隔断了，而反革命的哥萨克将领克拉斯诺夫，仗着德国军队的协助，占领了产粮区的顿河流域，威胁着全部沃瓦河下游，察里津的失守，可以使德国侵略者和白党军队联合起来，向莫斯科发动总攻。保卫察里津，就

◆A.托尔斯泰：全名阿列克赛·尼古拉耶维奇·托尔斯泰（1883—1945），苏联作家。著有长篇小说三部曲《苦难的历程》等。

◆"察里……格勒"：察里津1925年改称斯大林格勒，1961年改名为伏尔加格勒，沿用至今。

◆莫洛托夫（1890—1986）：苏联领导人，外交家。

◆"它和……部曲"："'在苦难里进行'三部曲"今多写作《苦难的历程》，《两姊妹》为第一部，《一九一八年》（即此处的《十八年》）为第二部，《阴暗的早晨》为第三部。

◆曹靖华（1897—1987）：中国翻译家。曾在苏联学习、执教，从1923年开始翻译俄国和苏联文学作品。曾译《保卫察里津》。

◆顿河：俄罗斯欧洲部分的第三大河。

◆沃瓦河：今译作伏尔加河，被誉为俄罗斯的"母亲河"。

是封闭敌人向莫斯科进攻的道路，就是给陷于饥荒的两大都会，开辟了补给线，把革命的心脏从饥荒的死神手中救出来。这是革命的生死关头，是决定苏联命运的一战。这一个名城的光辉英勇的保卫战，是A.托尔斯泰这部著作的主题。

这是一部历史小说，当然是根据事实的，事件是真实的，人物也是真实的，然而真人真事之中也依然有虚构的人物与事件[1]，如其中的伊凡·戈拉和亚丽萍等。然而这部名著却意外地遭受了读者的责难，所以在作者的自传中也说：

> 关于这一个中篇，我听到了好多责难，责难这部作品干枯无味，和事务气太重。我能申辩的只有一点，《粮食》（《面包》原名）是用艺术的手段，来处理精确的历史材料的尝试；因此，无疑的要受幻想的拘束（曹译如此，疑为"无疑的想象要受拘束"）。可是，这样的尝试，有时或许对人有用呢。

从作者这坦诚的自白里，我们也可以知道，太重事实，便难免枯燥无味，事务气太重，主要的原因是想象受了拘束，便不能很自在地创作，这往往是造成创作失败的一个原因。从另一方面说，事实固然重要，而创造的想象尤其重要，只有用了高扬的

◆伊凡·戈拉和亚丽萍：《保卫察里津》中的男女主人公。他们都出身社会底层，伊凡·戈拉是一个普通工人，未婚妻亚丽萍则是一个农村少女。但他们都有坚定的信念，并在斗争中最终蜕变为革命战士。

---

[1] 《三国志》记载曹操在赤壁之战战败后撤军时经过华容道，但并没有遇到关羽。《三国演义》作为历史小说，在这一段情节的写作中参照了史书的记载，但也融入了作者自己的想象和虚构。详见课后延展阅读：《诸葛亮智算华容 关云长义释曹操》。

第四课 论小说

想象力去表现真实性（不限于事实），才是最好的办法，因为一个作家所从事的是艺术工作，而非历史工作，如果写历史，自然就只有照事实写了。<u>传记文学</u>的问题也是如此。有人提出问题：传记，到底是文学呢？还是历史？如果是历史，当然要老老实实地写，顶多也不过是用了文学的描写、结构与形式，写出严格的史实，使写出的人物虎虎有生气而又恰恰正是那个人（如司马迁的《史记》）。所以近代英国的大传记作家 Lytton Strachey 在他的《维多利亚王朝名人传》（*Eminent Victorians*）序文中引了别人的话说："我没有加进什么，也不提示什么，我只揭露。"（To quote the words of a master–Je n'imposerien;je ne propose rien;jéxpose.）至于如茂鲁瓦（Andre Maurois）的传记，有人就以为那简直不是传记，而是小说一般的自由创作，甚至是自我表现了。这也可以看出，在文艺作品中，并不以根据事实为贵，而完全根据事实，也实在不容易写得好，因为文艺根本和历史是不相同的。

把以上四种创造过程总合起来观察，我们可以看出以下的情形：

第一种从观念出发的，和第四种根据事实的是两个极端。因为第一种完全是空的，第四种完全是实的；第一种如果称之为理想的，第四种就可以称之为写实的。介乎这二者之间的是第二种和第三种，第二种从事实出发的与第四种根据事实的接近，第三种从寓言故事出发的与第一种从观念出发

◆ 传记文学：用形象化手法记载人物经历的一种文学体裁。中国古代传记文学大致包括历史传记文学和杂体传记文学两类。司马迁是中国第一位史传作家。杂体传记文学包括除史传之外的一切具有传记性质的作品，如碑文、自传等。近代史书和个人传记逐渐区分开，梁启超、胡适、郁达夫、朱东润等人在新传记文学领域贡献较大。

◆ Lytton Strachey：今译作利顿·斯特雷奇（1880—1932），英国传记作家、文学评论家。著有《维多利亚时代四名人传》（即下文《维多利亚王朝名人传》）《维多利亚女王传》等。

◆ 茂鲁瓦：今译作莫洛亚（1885—1967），法国传记作家、小说家。以传记体小说闻名，代表作有《雪莱传》《拜伦传》《雨果传》等。

的接近，因为寓言或故事之中显然先有一种道理，一种观念，作者创作成功之后也仍是如此，如纪德的《浪子回家》就是这样。所以，我们未尝不可以把四种简称为两种，即理想的与写实的。写实的好处是：材料现成，仿佛可以省力，而且，它既是客观世界中的存在，它本身当然就表现一个真理，代表一种社会意义，或揭示一种人生问题。然而它有它的短处，就是，事实既已现成，有些地方就不易割爱，有些事物又不易补充，而且当作者写作的时候，他不能不为那件事实所笼罩，不能不受它的压迫，因之，他的想象力就受了束缚，他容易变成了那件事实的奴隶，自己的思想，情感，以及文字，都不能达到非常灵动的境地，如A.托尔斯泰的《保卫察里津》。在另一方面，理想的就有它的好处，而唯一的好处就是作者可以自由运用他的想象，他不受任何压迫与拘束，他可以任意飞翔，他的天地无限。而它的短处则为既无现成材料就必须费力制造，制造的结果就往往不真实，往往有漏洞，往往血肉与灵魂不一致，不能浑然无间，如爱仑·坡的《李奇亚》。

那么，到底应当怎么办呢？

要回答这问题，我们就必须回到我们一再说过的那段话，就是：作者总要在现实生活中行动，由于作者的忍耐，由于经验的集中，而最后终须创造一个完整的，美而和谐的世界，这个世界像神的世界一样。忍耐是最要紧的，我们曾一再说过，忍耐并非懒惰。在忍耐中工作：假如你有一种理想，

第四课　论小说

一种观念，你必须切实生活，切实观察，切实体验，多思索，多回忆，忍耐着，等到有一些血肉，人物，事件，恰可以表现那观念，那灵魂的时候，等到经验已集中完毕，一个新世界焕然觉醒的时候，你才可以动手去写。这种写法实在最困难，最需要长时间，作者须在生命中有一个长途的旅行。同样是在忍耐中工作：假如已经有了一个事实，但是你不要马上就写它，你要把它放在你的生命中，它和你的生命同时生长，这时间，你做事，你旅行，你听人谈话，你读种种书籍，你做一切事，而一切事情都将与之有关；你可能先以为这件事的中心在此，而以后你却以为在彼，先以为要用它表现这种思想，而以后又以为这宜于表现另一思想，先以为你要用这个人物，以后却又觉得须用另一人物；你先以为应当先从这里开始，而以后却又觉得这宜于放在中间或最后，你先以为要用这个背景，以后却又换了一个，先以为这个人必须说这句话，而最后却断定这句话不很要紧，不能表示什么……最后，也许有一个时候你把一切都忘了——里尔克就说过"忘掉"是很要紧的，他说："单有经验的记忆还不够，还要能够忘掉它们，当它们太拥挤的时候。"——但忘掉并非死亡，有朝一日，这一日是不能预知的，你将忽然遇到，遇到什么呢？那更不可预测：一片阳光，一滴雨，一阵花香，一个人影，一开窗之间，一举足之间……经验集中了，灵感来了，一个新鲜的，与那事实不同的，完美的世界焕然地觉醒了，于是你创造，你提笔写。这写法

◆ "仿佛……似的"：鲁迅在《阿Q正传》的《第一章　序》中写道："我要给阿Q做正传，已经不止一两年了。但一面要做，一面又往回想，这足见我不是一个'立言'的人，因为从来不朽之笔，须传不朽之人，于是人以文传，文以人传——究竟谁靠谁传，渐渐的不甚了然起来，而终于归结到传阿Q，仿佛思想里有鬼似的。"

◆ "脑子……蜂群"：这是果戈理自述的自己写作《剃掉的一撇胡须》时灵感爆发的状态。

可能是较容易些的，其成功的机会也较多，比较起前一种来。这样，两种不同的创作过程，其实也只变成了一种，就是，都必须达到那最后阶段，必须等那个新世界的焕然觉醒，到那时候，既不只是观念，也不只是事实，一切都是新的创造，都是由自己生命中孵化出来的。在这时候，你不得不写，正如怀胎十月者不得不生，正如果子成熟者不得不落，正如鲁迅所说的"仿佛心里有鬼似的"，正如果戈里所说的"脑子里好像被叫醒了的蜂群"。这样，你开始写作，就不至于如完全写事实者之为事实所束缚，你的想象就可以飞翔；这样，就不至于只是空的观念的证明，就不至于不真实，不至于血肉与灵魂不成一体。而这样的，就是创造的最好的道路，最保险的道路。

然而，从以前所说的看来，最重要的是什么呢？忍耐只是一种德行，而经验与思想才是资本。经验与思想都是从生活——自然也包括读书在内——得来的，所以说生活第一，生活越现实，越勇敢，越充满，越坚实，越宽阔，就越好。一切经验既必须在作者头脑中集中，而成为全新的，假如你所有的不是那正确的思想又如何能行呢？我们要求每一个作者都有那最好的思想，最好的认识，因为我们相信，文学既不是一种玩物，也不是无所为的，它是为了人类的生活，为了更合理的将来，为了大家同心协力创造最好的世界，而才被创造，被接受，被估定为最高价值的，这就是我们先谈了思想与创作的关系，以为思想最要紧的那原因。

第四课 论小说

最后，也许是并不必说明的吧：我们所说的这种创造过程，自然并不是只指小说而言的，虽然我们在前面只举了小说的例子。一切文学作品，小说、诗、散文、戏剧……都应如此，并不因其体裁不同而有异样。至于现在所谓年轻的文学，如报告文学之类，那自然都是非常现实的，自然也应当这样创造，但由于这类作品都有其最高的时间性，作者往往在当前，在最短的时间内写成，而且要尽快地发表出来，那是无可如何的，它自然有它的艺术价值，然而那却是一种不同的价值了。

（选自《创作论》）

◆报告文学：文艺性的通讯、速写、特写、采访报告等的总称。属于散文体裁。以现实中的真人真事为题材，允许进行适当的艺术加工，但在基本事实上不允许虚构。作家夏衍的《包身工》是中国最早的报告文学代表作。

延展阅读

诸葛亮智算华容　关云长义释曹操
节选自明代罗贯中《三国演义》第五十回

曹操与张辽引百馀骑，在火林内走，看前面无一处不着。正走之间，毛玠救得文聘，引十数骑到。操令军寻路，张辽指道："只有乌林地面，空阔可走。"操径奔乌林。正走间，背后一军赶到，大叫："曹贼休走！"火光中现出吕蒙旗号。操催军马向前，留张辽断后，抵敌吕蒙。却见前面火把又起，从山谷中拥出一军，大叫："凌统在此！"曹操肝胆皆裂。忽刺斜里一彪军到，大叫："丞相休慌！徐晃在此！"彼此混战一场，夺路望北而走。忽见一队军马，屯在山坡前。徐晃出问，乃是袁绍手下降将马延、张𫖮，有三千北地军马，列寨在彼，当夜见满天火起，未敢转动，恰好接着曹操。操教二将引一千军马开路，其馀留着护身。操得这枝生力军马，心中稍安。马延、张𫖮二将飞骑前行，不到十里，喊声起处，一彪军出。为首一将，大呼曰："吾乃东吴甘兴霸也！"马延正欲交锋，早被甘宁一刀斩于马下；张𫖮挺枪来迎，宁大喝一声，𫖮措手不及，被宁手起一刀，翻身落马。后军飞报曹操。操此时指望合淝有兵救应，不想孙权在合淝路口，望见江中火光，知是我军得胜，便教陆逊举火为号，太史慈见了，与陆逊合兵一处，冲杀将来。操只得望彝陵而走。路上撞见张郃，操令断后。

纵马加鞭，走至五更，回望火光渐远，操心方定，问曰："此是何处？"左右曰："此是乌林之西，宜都之北。"操见树木丛杂，山川险峻，乃于马上仰面大笑不止。诸将问曰："丞相何故大笑？"操曰："吾不笑别人，单笑周瑜无谋，诸葛亮少智。若是吾用兵之时，预先在这里伏下一军，如之奈何？"说犹未了，两边鼓声震响，火光竟天而起，惊得曹操几乎坠马。刺斜里一彪军杀出，大叫："我赵子龙奉军师将令，在此等候多时了！"操教徐晃、张郃双敌赵云，自己冒烟突火而去。子龙不来追赶，只顾抢夺旗帜。曹操得脱。

天色微明，黑云罩地，东南风尚不息。忽然大雨倾盆，湿透衣甲。操与军士冒雨而行，诸军皆有饥色。操令军士往村落中劫掠粮食，寻觅火种。方欲造饭，后面一军赶到，操心甚慌，原来却是李典、许褚保护着众谋士来到。操大喜，令军马且行，问："前面是那里地面？"人报："一边是南彝陵大路，一边是北彝陵山路。"操问："那里投南郡江陵去近？"

第四课　论小说

军士禀曰："取北彝陵过葫芦口去最便。"操教走北彝陵。行至葫芦口，军皆饥馁，行走不上，马亦困乏，多有倒于路者，操教前面暂歇。马上有带得锣锅的，也有村中掠得粮米的，便就山边拣干处埋锅造饭，割马肉烧吃。尽皆脱去湿衣，于风头吹晒，马皆摘鞍野放，咽咬草根。操坐于疏林之下，仰面大笑。众官问曰："适来丞相笑周瑜、诸葛亮，引惹出赵子龙来，又折了许多人马。如今为何又笑？"操曰："吾笑诸葛亮、周瑜毕竟智谋不足。若是我用兵时，就这个去处，也埋伏一彪军马，以逸待劳，我等纵然脱得性命，也不免重伤矣。彼见不到此，我是以笑之。"正说间，前军后军一齐发喊。操大惊，弃甲上马，众军多有不及收马者。早见四下火烟布合，山口一军摆开，为首乃燕人张翼德，横矛立马，大叫："操贼走那里去！"诸军众将见了张飞，尽皆胆寒。许褚骑无鞍马来战张飞，张辽、徐晃二将，纵马也来夹攻。两边军马混战做一团。操先拨马走脱，诸将各自脱身。张飞从后赶来。操迤逦奔逃，追兵渐远，回顾众将多已带伤。

正行间，军士禀曰："前面有两条路，请问丞相从那条路去？"操问："那条路近？"军士曰："大路稍平，却远五十馀里。小路投华容道，却近五十馀里，只是地窄路险，坑坎难行。"操令人上山观望，回报："小路山边有数处烟起，大路并无动静。"操教前军便走华容道小路。诸将曰："烽烟起处，必有军马，何故反走这条路？"操曰："岂不闻兵书有云：'虚则实之，实则虚之。'诸葛亮多谋，故使人于山僻烧烟，使我军不敢从这条山路走，他却伏兵在大路等着。吾料已定，偏不教中他计！"诸将皆曰："丞相妙算，人不可及。"遂勒兵走华容道。此时人皆饥倒，马尽困乏。焦头烂额者扶策而行，中箭着枪者勉强而走。衣甲湿透，个个不全；军器旗旛，纷纷不整。大半皆是彝陵道上被赶得慌，只骑得秃马，鞍辔衣服，尽皆抛弃。正值隆冬严寒之时，其苦何可胜言。

　　操见前军停马不进，问是何故。回报曰："前面山僻路小，因早晨下雨，坑堑内积水不流，泥陷马蹄，不能前进。"操大怒，叱曰："军旅逢山开路，遇水叠桥，岂有泥泞不堪行之理！"传下号令，教老弱中伤军士在后慢行，强壮者担土束柴，搬草运芦，填塞道路，务要即时行动，如违令者斩。众军只得都下马，就路旁砍伐竹木，填塞山路。操恐后军来赶，令张辽、许褚、徐晃引百骑执刀在手，但迟慢者便斩之。此时军已饿乏，众皆倒地，操喝令人马践踏而行，死者不可胜数。号哭之声，于路不绝。操怒曰："生死有命，何哭之有！如再哭者立斩！"三停人马：一停落后，一停填了沟壑，一停跟随曹操。过了险峻，路稍平坦。操回顾止有三百余骑随后，并无衣甲袍铠整齐者。操催速行，众将曰："马尽乏矣，只好少歇。"操曰："赶到荆州将息未迟。"又行不到数里，操在马上扬鞭大笑。众将问："丞相何又大笑？"操曰："人皆言周瑜、诸葛亮足智多谋，以吾观之，到底是无能之辈。若使此处伏一旅之师，吾等皆束手受缚矣。"

　　言未毕，一声炮响，两边五百校刀手摆开，为首大将关云长，提青龙刀，跨赤兔马，截住去路。操军见了，亡魂丧胆，面面相觑。操曰："既到此处，只得决一死战！"众将曰："人纵然不怯，马力已乏，安能复战？"程昱曰："某素知云长傲上而不忍下，欺强而不凌弱，恩怨分明，信义素著。丞相旧日有恩于彼，今只亲自告之，可脱此难。"操从其说，即纵马向前，欠身谓云长曰："将军别来无恙！"云长亦欠身答曰："关某奉军师将令，等候丞相多时。"操曰："曹操兵败势危，到此无路，望将军以昔日之情为重。"云长曰："昔日关某虽蒙丞相厚恩,然已斩颜良,诛文丑,解白马之围,以奉报矣。今日之事,岂敢以私废公?"操曰:"五关斩将之时,还能记否?大丈夫以信义为重,将军深明《春秋》,岂不知庾公之斯追子濯孺子之事乎?"云长是个义重如山之人,想起当日曹操许多恩义,与后来五关斩将之事,如何不动心?又见曹军惶惶,皆欲垂泪,一发心中不忍。于是把马头勒回,谓众军曰:"四散摆开。"这个分明是放曹操的意思。操见云长回马,便和众将一齐冲将过去。云长回身时,曹操已与众将过去了。云长大喝一声,众军皆下马,哭拜于地。云长愈加不忍。正犹豫间,张辽纵马而至。云长见了,又动故旧之情,长叹一声,并皆放去。

关羽像

第五课
论戏剧

谈深浅

主讲人 陈　铨

一

戏剧有深刻和肤浅的分别，深刻的戏剧，才能算崇高的艺术，肤浅的戏剧，最多只能作普遍宣传的工具，商业上骗取金钱的手段，它的价值和效果，是一时的，不是永久的，是娱乐的，不是感动的。这还是就成功的肤浅戏剧而言，至于许多戏剧，肤浅到一种程度，连肤浅的效果，都不能发生，那就更没有讨论的价值了。

凡是稍为研究过一点西洋戏剧的人，至少应当知道，戏剧之所以成为戏剧，第一个条件，就是"结构"。亚里斯多德在他的《诗学》里边，讨论悲剧六个主要元素，他把结构，放在第一。结构是戏剧的灵魂，没有它，戏剧就完全倒塌了。

戏剧的结构，不是故事。故事可长可短，可多可少，可详可略。结构却要互相关联，互相依赖，丝丝入扣，滴滴归源，没有一句废话，没有一件无关大局的事情。换言之，一位戏剧家，需要一种极强的组织能力。戏剧比小说难，就是因为小说范围里作者享受的自由多，戏剧范围里，作者处处受时

◆亚里斯多德：今译作亚里士多德（前384—前322），古希腊哲学家。在物理学、心理学、生物学、历史学、修辞学等领域均有很大贡献，著有《形而上学》《论灵魂》《诗学》等。

◆《诗学》：西方美学史上第一部系统性美学理论著作。

◆观象：根据上下文，应为"观众"。

◆搏得：同"博得"。

◆师克雷白：今译作斯克里布（1791—1861），法国剧作家。一生写作各种剧本三百余部（大多与人合写）。擅长"佳构剧"，特点是结构精巧、情节离奇、场面紧张，容易激起观众兴奋的情绪。

◆葛慈布：今译作科策布、柯策布、考茨布、科茨布等。德国剧作家。一生创作二百多部剧本，大多极具戏剧性，深受民众喜爱。代表作有《印第安人在英国》《德国小城市民》等。

间空间的束缚。有许多会写小说的人，一旦写戏剧，往往就"可怜无益费精神"。

一个剧本，要能够在戏台上站得住，引起观象的兴趣，倒不一定是深刻的戏剧，因为戏剧最要紧的条件，就是结构，只要有了结构，戏台上就可以搏得群众的欢迎。19世纪中叶，欧洲"普遍戏剧"的运动，文学价值并不高，当时风行一时的作家，如法国的师克雷白，德国的葛慈布，在现在欧洲文学史上并没有崇高的地位，他们的著作，已经被人遗忘，然而在当时，他们却能够抓住观众，这就是因为他们的戏剧有相当的结构，能够产生舞台的效果。

再拿电影来说，大部分的影片，意义都是很肤浅的，但是编剧和导演的人，因为公司花钱太多，不能不顾及营业，所以每出一个片子，至少得先选定有结构的脚本。只要结构好，就不愁不受观众的欢迎，营业的投资，大概可以不至于失败。

结构是戏剧的生死关头。还不懂结构是什么意义的人，根本不配谈戏剧。他也许是诗人，小说家，散文家，演说家，但是他绝不是戏剧家。

关于戏剧的结构，当另章详论。这儿要提出的，是戏剧的深浅问题。假定一本戏剧，已经有了完整的结构，它算取得戏剧的资格，到底它能不能够算一本深刻的戏剧，这还要研究其他的条件。

二

深刻和肤浅最显明的分别，就是作者描写人

物的手段。戏剧里边,有"典型的"人物和"个性的"人物。典型的人物,就是各种阶级各种性格人物的代表。如像一个商人,一个政客,一个流氓,一个土匪,一个英勇的军人,一位贞节的女子,一个卖国求荣的汉奸,一个悭吝的守财奴,一个性急性慢的人,这些都是典型人物。一位戏剧家把这些典型人物的特征抓住,描绘出来,观众一目了然,心领神会。导演和演员,自然可以根据这些特征,再从服装动作声音笑貌去强调他,刻画他。然而这算不算艺术作品呢?

◆ "典型……代表":关于"典型人物",李广田曾写道,鲁迅发表《阿Q正传》时,很多人觉得鲁迅是在骂自己,因为阿Q是个典型,他的"护短、投机、精神胜利法,乃是一般的,有代表性的",我们"在其中认识了自己"。

这不能算艺术作品,因为典型人物的特征,只能产生肤浅的印象,印象所以肤浅,因为他模糊。因为一个典型代表千万同样的人物,我们不能想象他。他是死板的,没有血,没有肉,没有灵魂,他是平面的,不是立体的,他是简单的,不是复杂的,他只有外形,没有内心。中国以前的歌剧,里面大部分都是这样的人物,脸谱、服装、声调,就是刻画典型人物的技巧。

这种典型人物,永远是肤浅的,因为他们不是真正的人,他们是各种观念的象征。忠奸智愚,是伦理上的抽象观念,然而艺术的成功,不单凭观念,还要具体的事物,来实现他们。艺术和科学不同,科学只追求抽象的原则,艺术要描绘具体的事物。艺术不能做到这个地步,艺术的价值,就有限了。

欧洲描写个性最擅长的作家,莫过于莎士比亚。中国戏剧里,还没有这样的人。只有《红楼

◆ 莎士比亚(1564—1616):英国剧作家、诗人。代表作有喜剧《仲夏夜之梦》《威尼斯商人》,历史剧《亨利四世》,四大悲剧《哈姆雷特》《麦克白》《李尔王》《奥赛罗》等。

◆哈孟雷特：今译作哈姆雷特。

《梦》的作者曹雪芹有这样的本事。莎士比亚的哈孟雷特，曹雪芹的林黛玉[1]，都是文学里有最鲜明深刻个性的人物。其实不但哈孟雷特和林黛玉，莎士比亚戏剧中间，任何人物，上至君主侯王，下至贩夫走卒，只要经过作者一两笔描写，立刻就生动活跃起来，《红楼梦》中间，没有一个人物，不耐人寻味。我们都能够了解他，明白地认识他，我们认识他，比认识我们的兄弟朋友还要更进一步，甚至比认识我们自己，还要清楚。

真正成功的个性人物，我们能够明白清楚地认识他，但是又不能"完全"明白清楚地认识他，人类是复杂的，愈是伟大的人物，心境愈不简单。戏剧作家要写出一半让我们懂，还要在字里行间隐含一半让我们想。这就是为什么哈孟雷特的个性，成了千古的疑案。文学批评家打了几百年的笔墨官司，还没有打完。戏剧人物到了这种境界，戏剧就深刻了。

◆"这就……疑案"：莎士比亚曾说，一千个读者就有一千个哈姆雷特。

初学的作家，一提起笔，兢兢业业，唯恐别人不了解他创造的人物。想方设计，反复说明，等到一切都明白了，一切也就肤浅了。

◆晦塞：不通畅。

不过深刻和晦塞又不相同，有一些作家，力求深刻，故意让剧中人物，做奇怪的举动，发迷离的语言，令观众瞠目结舌，莫名其妙，结果戏剧的效果，完全不能产生，不但演出容易失败，本身的

---

[1] 《红楼梦》中，一首《葬花吟》以花喻人，语浅意深，将寄人篱下、顾影自怜的黛玉形象刻画得淋漓尽致。详见课后延展阅读：《葬花吟》。

价值也成问题。第一流的作家，必须要能够深入浅出。用透明的对话，表现深刻复杂的心灵，深刻而不晦塞，明白而不肤浅，这才算戏剧最上乘的作品。❶

三

戏剧的深刻和肤浅，可以从另外一个观点来看，就是作者对人生意义的把握。

人生是文学的泉源，没有人生就没有文学。但是人生是复杂的，意义是很难捉摸的。只有天资极高的人，再凭他细心的体会，长时期的经验，才能够自己找出一条安身立命之路，同时对别人的生活境况、动机，有相当的了解。但是了解虽然了解，他并不要提出什么哲学的系统，或者任何解决的方案。戏剧家的使命，与其说是解决问题，倒不如说是提出问题，与其说是指导人生，不如说是表现人生。实际上，当然，人生一经表现，解决指导的意思，也在其中了。

人生的意义，不在结果，而在过程。假如我们从结果方面去着想，恐怕会感觉发现，一切都是空虚无聊。做官怎么样？发财怎么样？得名誉怎么样？学问好怎么样？做伟大人物怎么样？世界上一

◆ "戏剧……问题"：胡适曾在《易卜生主义》一文中提到，挪威剧作家易卜生在作品中虽提出了很多社会问题，但却不肯轻易提供解决方案，因为"社会的病，种类绝繁，决不是什么'包医百病'的药方所能治得好的"。

---

❶ 老舍的话剧《龙须沟》采用通俗易懂的北京白话，通过展现龙须沟和小杂院四户人家在新旧社会截然不同的面貌，深刻揭露了旧社会的腐朽黑暗，彰显出新社会使人们得以新生。详见课后延展阅读：《龙须沟》。

切的成功，都经不起"怎么样"三个字。一个悲观厌世的人，我们不能说服他，就是因为劝的人和听的人，双方面都从结果方面发议论，而不从过程方面去切身体验。譬如一个打网球的人，觉得非常有趣，同时一位不会打网球的人，站在旁边，丝毫不能想象，累得满身是汗，有什么快乐。跳舞的人，可以通宵达旦，不肯停止。不会跳舞的人，却不明白，在一间屋子里，走来走去，岂不单调无味？理论后边没有经验，理论的价值根本有限，不能动人，因为它只注意结果，不注意过程。悲观厌世的人，多半是有闲阶级的人，真正工作紧张，成天提起精神生活的人，绝不会感觉生活无聊。

所以戏剧家不卖气力去"解释"人生的意义，他只用艺术的方式，把人生的过程，"表现"得淋漓尽致，无论喜怒悲哀，都是亲切有味，摆在面前。观众目击心惊，或忧或喜，各人有各人的体会，各人有各人的主张，各人有各人的解释。这样描写的人生，才是自然的，真实的，因此也是深刻的。

有许多戏剧家，喜欢站在某一个立场，或者应用伦理上一些信条，或者流行的一些口号，勉强凑合，创造一些人物事实，来代表这些抽象的观念。结果他创造的戏剧人物，也仅只是观念，而不是真正的人。我们看完这种戏以后，也只得着一些观念，没有尝着人生的滋味。他不能感动我们，因为只有真正的人，才能感动真正的人，只有具体的情状，才能引起感情的震动。这种戏剧的作者，也许

第五课 论戏剧

是道德家，说教者，宣传家，而不是戏剧家。在另外一方面来说，因为他不是真正的戏剧家，所以也不是理想的道德家、说教者、宣传家。

在这儿有一个相关而来的问题，就是戏剧和经验，有人说写戏剧的人，一定要有丰富的人生经验，因此又有人说，有了丰富的人生经验的人，一定长于戏剧。前一种理论是对的，后一种理论是不对的。**有经验的人，不一定能够写戏剧，但是能够写戏剧的人，一定要有经验。**因为经验不过是材料，怎么样利用这些材料来编成戏剧，还需要组织的能力，怎么补充材料的缺陷，需要强烈的想象，怎么样看出材料的意义，需要哲学的眼睛，怎么样使这些材料生动，需要艺术的天才，所以经验是一回事，戏剧又是一回事。抗战以来，千万的人，有战争的经验，能够写战争戏剧的有几人？青年男女，有恋爱经验的，更不知多少，能够写恋爱戏剧的，更屈指可数。就算能够写出，然而写的仍然有深浅之分。

有许多经验，可以编入戏剧，有许多经验，不能编入戏剧。我们尽可以承认，作者写出来的，都是真正的经验，然而假如这些经验，不能产生戏剧的效果，写出来也是枉然。实际人生中，大部分的经验，都是平淡无聊，真正的戏剧作家，必须要有选择的本事。他要从千百经验中，拨沙拣金，找出有戏剧意味的经验。好容易找得了，又还要依照戏剧的组织，当抛弃的抛弃，当补充的补充，配合成完整的艺术品，到这种境地，戏剧和经验的距离，

◆ "有经……经验"：曹禺的《雷雨》写于大学时期，他曾在文章中提到，自己在刚读完南开中学的时候就立志要写《雷雨》这一类的剧本，因为他在他的生活圈子中已经看到了和《雷雨》中的主人公"繁漪""周朴园"类似的人物。这些现实中的人物的特点，被他加以剪裁创造，最终成就了《雷雨》中复杂深刻的人物形象。

相隔更远了。

四

戏剧的深浅问题，还可以从语言方面来判断。戏剧的人物和作家对人生意义的把握有深浅，戏剧的语言，也有深浅。

戏剧有戏剧的语言。我们平常同朋友谈天，一谈就是几个钟头，彼此的感情很融洽，兴味很浓厚，但是假如把这些话一字不改地搬上戏台，观众一定厌烦，不到一个钟头全走光了。戏剧的语言，必须要发生戏剧的作用，作用有深浅，语言也有深浅。深浅的关键，倒不在平常和特别的语言。极平常的话，在适当的时候，适当的环境说出来，也可以产生极深刻的作用。譬如"我爱你"这三个字多么平常，然而一位伟大的戏剧家，往往能够使他引起伟大的情绪。这不是语言本身的问题，乃是选择时间空间的问题。

有一些戏剧作家，专门喜欢卖弄文字。每讲一句话，一定要加上许多形容词，许多深奥难解的比喻，他以为这样，他的戏剧就深刻了，然而结果还是肤浅，甚至于肉麻。

时代环境，往往是戏剧语言的指南针。在英国伊利莎白时代，因为观众是国王和贵族，所以戏剧的语言，趋于华丽，说话喜欢绕弯。但是自从18世纪工业革命以后，戏剧的观众，变成中产阶级和职业工人，戏剧的语言就趋于平易简单了。莎士比亚

◆伊利莎白：即伊丽莎白一世（1533—1603），英国女王。在位时依靠新贵族和资产阶级，实行专制统治。

和**易卜生**，在戏剧语言方面，作风完全不同，一个华丽，一个朴素，一个曲折，一个简单，但是我们不能够说莎士比亚深刻，易卜生肤浅。其实两人都深刻，不过时代环境不同罢了。

戏剧语言的深浅问题，也不是长短的问题。有人以为剧中人多说话就深刻，少说话就肤浅。所以演戏的时候，演员都喜欢表演话多的，其实是大错特错。作家在让剧中人说话以前，先要抓住他的性格，冥想当时的情景，性格了解了，情景逼真了，上台一两句简单的话，也可以产生深刻的印象，要不然长篇大论地演说，痛苦悲哀地呼号，结果依然是肤浅。同样的错误，就是认为剧本长就深刻，剧本短就肤浅。演七个钟头的戏剧，一定比演两个钟头的戏剧，更令人满意，然而实际上的效果，往往恰得其反。

舞台上的说话要经济，当说的说，不当说的就不要说。作家想出一句话，也许是至理名言，但是当他强迫剧中人在不适当的情景说出，极美丽的话，可以变成极丑恶的话；极有意义的话，可以变成极无意义的话；极雅致的话，可以变成俗不可耐的话；极庄严的话，变成哄堂大笑的话。

舞台上最怕讲废话，废话愈多，剧情愈散。多说不如少说，少说不如不说。怎么叫作不说呢？就是用戏剧的动作，来代替戏剧的语言。在舞台上，语言并不是唯一能够发生戏剧效果的工具。一个人拿一张报纸，抽一支雪茄，安闲地坐在沙发上五分钟不讲话，也可以非常紧张，假如事先戏剧家令观

◆ **易卜生**：挪威剧作家。现代欧洲戏剧的奠基人。代表作有社会问题剧《玩偶之家》《人民公敌》等，剧中以写实技巧剖析资本主义的社会问题，充满批判精神。

◆ "舞台……工具"：典型的例子是哑剧（也译作默剧）——一种不用台词，以动作和表情来表达剧情的戏剧形式。代表作品有现代默剧大师卓别林的《摩登时代》，剧中没有一句台词，但卓别林用夸张、滑稽的动作和表情，尤其是"反复拧扳手"这一机械性动作，讽刺了工业化生产对劳动者的无情压榨和对人性的异化。

> ◆ "戏剧……作的"：有的戏剧几乎没有动作，如爱尔兰剧作家贝克特的荒诞剧《等待戈多》。他认为，"只有没有情节、没有动作的艺术才算得上是纯正的艺术"。

众知道，房子已经起火，他快要大祸临头。这不但不要语言，连身体的动作，都可以取消。

戏剧是要动作的。动作分身体的动作和内心的动作。会写剧本的戏剧家，在每一句话后边，都要包含一种动作。导演和演员，对于每一句话，都可以捉摸，找出表现动作的机会。这样，戏剧的语言就深刻了。

通常一个剧本，到导演手里，必定要经过一番删改。导演高明不高明，先要看他删改的本事。没有动作的语言，他必须得删，动作不够的语言，他必须得改。假如他不删不改，把作者所写的整个搬上舞台，这自然是他负不起责任，但是假如他没有看懂原作，到处损伤戏剧的动作，那么他的错误，就更不可饶恕了。

五

我们从人物、人生的意义、戏剧的语言三方面来观察批评一本戏剧的深浅。假如在这三个标准之下，都达到了深刻的地步，那么这一本戏剧，就是一本深刻的戏剧，不然就是一本肤浅的戏剧。肤浅的戏剧，也有它的价值。它可以娱乐观众，它可以做普遍的宣传。它虽然不负提高艺术水准的使命，它的价值是不可泯灭的。至少它比毫无结构的戏剧，或者晦涩难解的戏剧的效果大得多。尤其在中国一般民众教育程度不高的时代，有时太深刻的戏剧，反而不能发生普遍的影响，肤浅而有兴趣的戏剧，反而是对民众宣传最好的工具。对于这种戏剧，我们也用不着讥评。当局者的苦心，我们更应当充分原谅。

不过文艺的事业，一方面要求普及，一方面也要求提高。只以少数智识分子为对象，固然不对，只以多数民众为对象，因而使艺术肤浅，不让它向前进展，也是不对。好在一个国家，有各式各样的人才，各式各样的兴趣，分头努力，并无不可。乡村要艺术，都市也要艺术。没有受过教育的人要艺术，受过教育的人也要艺术。对象不同，深浅自异，拘执一见，就算不通。

固然最理想的戏剧，是雅俗共赏的戏剧，但是这是最不容易的事情。非有最大的天才，最广博的人生智识，最熟练的技巧，不能做到。我们虔诚地希望这样戏剧的产生，但是依照我们乐观的看法，中国民众的教育程度，对戏剧欣赏的力量，已经逐渐提高。二十年前的观众，和现今的观众，已经不可同日而语。戏剧家发愁的也许不是他的戏剧太深刻，而是他的戏剧不够深刻。因为深刻的艺术，才能够引起深刻的情感。时代是应当进步的。任何向后转的运动，都是救急的办法，不是理想的办法。

（选自《戏剧与人生》）

延展阅读

葬花吟

[清]曹雪芹

【原文】

花谢花飞花满天,红消香断有谁怜?
游丝软系飘春榭,落絮轻沾扑绣帘。
闺中女儿惜春暮,愁绪满怀无释处,
手把花锄出绣闺,忍踏落花来复去。
柳丝榆荚自芳菲,不管桃飘与李飞。
桃李明年能再发,明年闺中知有谁?
三月香巢已垒成,梁间燕子太无情!
明年花发虽可啄,却不道人去梁空巢也倾。
一年三百六十日,风刀霜剑严相逼,
明媚鲜妍能几时,一朝漂泊难寻觅。
花开易见落难寻,阶前闷杀葬花人,
独倚花锄泪暗洒,洒上空枝见血痕。
杜鹃无语正黄昏,荷锄归去掩重门。
青灯照壁人初睡,冷雨敲窗被未温。
怪奴底事倍伤神,半为怜春半恼春:
怜春忽至恼忽去,至又无言去不闻。
昨宵庭外悲歌发,知是花魂与鸟魂?
花魂鸟魂总难留,鸟自无言花自羞。
愿奴胁下生双翼,随花飞到天尽头。
天尽头,何处有香丘?
未若锦囊收艳骨,一抔净土掩风流。
质本洁来还洁去,强于污淖陷渠沟。

尔今死去侬收葬，未卜侬身何日丧？
侬今葬花人笑痴，他年葬侬知是谁？
试看春残花渐落，便是红颜老死时。
一朝春尽红颜老，花落人亡两不知！

【译文】

花儿凋谢，花瓣漫天飞舞，红色褪去，芳香消散，还有谁会怜惜它呢？

柔软的蛛丝轻轻系住飘荡在春光里的亭榭，飘落的柳絮轻轻地沾附在绣花的帘幕上。

闺中女子惋惜着晚春时节，满怀愁绪却无处释放。

手里拿着花锄走出绣房，不忍心踩着落花走来走去。

柳丝和榆荚自顾自地散发着芬芳，全然不管桃花、李花的飘落。

桃花和李花明年还能再度开放，可明年的闺房中又会有谁在呢？

三月里燕子的香巢已然垒成，梁间的燕子实在太无情了！

明年花开时节虽然还能叼衔新的花草，却不知那时人已离去，燕巢倾覆，屋梁空空。

一年三百六十天，风如刀，霜似剑，严酷相逼。

明媚鲜艳的花朵还能维持多久呢？一旦飘落，就再难寻觅到。

花开的时候容易看见，花落的时候却难以找寻。站在阶前，愁煞了我这葬花之人。

独自倚着花锄，暗暗洒下泪水，泪水洒落在空枝上，竟出现了血痕一般的印记。

杜鹃默默不语，此时正是黄昏时分。扛着花锄回去，关上重重门扉。

　　清冷的孤灯照着墙壁，人们刚刚入睡。冷雨敲打着窗户，被子还是冰冷的。

　　奇怪我为何这般伤神呢？一半是因为怜惜春天，一半是因为恼恨春天。

　　怜惜春天忽然到来，恼恨春天忽然离去。春天来时悄然无声，去时也毫无声息。

　　昨夜庭院外传来悲凉的歌声，不知是感念花的灵魂还是鸟的灵魂？

　　花魂和鸟魂总归难以挽留，鸟儿默默无语，花朵含羞带愧。

　　希望我腋下能生出双翼，跟随落花飞到天的尽头。

　　天的尽头啊，哪里有埋葬落花的香丘呢？

　　不如用锦囊收起娇艳的花瓣，用一抔净土掩埋那风流的姿容。

　　生来纯洁，归去也当纯洁，总好过陷入污浊的泥淖沟渠之中。

　　如今你死去由我来收葬，却不知我的命运如何，不知哪天我也会死去。

　　我如今葬花被人嘲笑痴傻，将来埋葬我的又会是谁呢？

　　试看春天将尽，花儿渐渐飘落，这便是红颜老去的时候。

　　一旦春天过去、红颜衰老，花儿凋零，人也逝去，彼此都不再知晓。

黛玉葬花图

龙须沟
节选自老舍《龙须沟》第一幕

〔幕启：门外陆续有卖青菜的、卖猪血的、卖驴肉的、卖豆腐的、剃头的、买破烂的和"打鼓儿"的声音，还有买菜还价的争吵声，附近有铁匠作坊的打铁声，织布声，作洋铁盆洋铁壶的敲打声。

〔程娘子坐在柴灶前的小板凳上添柴烧火。小妞子从大门前的墙根搬过一些砖头来，把院子铺出一条走道。丁四嫂正在用破盆在屋门口舀屋子里渗进去的雨水。二春抱着几件衣服走出来，仰着头正看刚露出来的太阳，把衣服搭在绳子上晒。大妈生好了煤球炉子，仰头看着天色，小心翼翼地抱起桌上的大包袱来，往屋里收。二春正走到房门口，顺手接进去。大妈从门口提一把水壶，往水缸走去，可是不放心二春抱进去的包袱，眼睛还盯在二春的身上。大妈用水瓢由水缸里取水，置壶炉上，坐下，开始作活。

四　嫂　（递给妞子一盆水）你要是眼睛不瞧着地，摔了盆，看我不好好揍你一顿！

小　妞　你怎么不管哥哥呢？他一清早就溜出去，什么事也不管！

四　嫂　他？你等着，等他回来，我不揍扁了他才怪！

小　妞　爸爸呢，干脆就不回来！

四　嫂　甭提他！他回来，我要不跟他拚命，我改姓！

疯　子　（在屋里，数来宝）叫四嫂，别去拚，一日夫妻百日恩！

娘　子　（把隔夜的窝头蒸上）你给我起来，屋里精湿的，躺什么劲儿！

疯　子　叫我起，我就起，尊声娘子别生气！

小　妞　疯大爷，快起呀，跟我玩！

四　嫂　你敢去玩！快快倒水去，弄完了我好作活！晌午的饭还没辙哪！

疯　子　（穿破夏布大衫，手持芭蕉扇，一劲地扇，似欲赶走臭味；出来，向大家点头）王大妈！娘子！列位大嫂！姑娘们！

小　妞　（仍不肯去倒水）大爷！唱！唱！我给你打家伙！

四　嫂　（过来）先干活儿！倒在沟里去！（妞子出去）

娘　子　你这么大的人，还不如小妞子呢！她都帮着大人作点事，看你！

疯　子　娘子差矣！（数来宝）想当初，在戏园，唱玩艺，挣洋钱，欢欢喜喜天天像过年！受欺负，丢了钱，臭鞋、臭袜、臭沟、臭水、臭人、臭地熏得我七窍冒黑烟！（弄水洗脸）

娘　子　你呀！我这辈子算倒了霉啦！

四　嫂　别那么说，他总比我的那口子强点，他不是这儿（指头部）有点毛病吗？我那口子没毛病，就是不好好地干！拉不着钱，他泡蘑菇；拉着钱，他能一下子都喝了酒！

疯　子　（一边擦脸，一边说）我这里，没毛病，臭沟熏得我不爱动。

〔外面有吆喝豆腐声。

疯　子　有一天，沟不臭，水又清，国泰民安享太平。（坐下吃窝头）

小　妞　（进来，模仿数来宝的竹板声）呱唧呱唧呱唧呱。

娘　子　（提起香烟篮子）王大妈，四嫂，多照应着点，我上市去啦。

大　妈　街上全是泥，你怎么摆摊子呢？

娘　子　我看看去！我不弄点钱来，吃什么呢？这个鬼地方，一阴天，我心里就堵上个大疙疸（dǎn）！赶明儿六月连阴天，就得瞪着眼挨饿！（往外走，又立住）看，天又阴得很沉！

小　妞　妈，我跟娘子大妈去！

四　嫂　你给我乖乖地在这里，哪儿也不准去！（扫阶下的地）

小　妞　我偏去！我偏去！

娘　子　（在门口）妞子，你等着，我弄来钱，一定给你带点吃的来。乖！外边呀，精湿烂滑的，滑到沟里去可怎么办！

疯　子　叫娘子，劳您驾，也给我带个烧饼这么大。（用手比，有碗那么大）

娘　子　你呀，呸！烧饼，我连个芝麻也不会给你买来！（下）

小　妞　疯大爷，娘子一骂你，就必定给你买好吃的来！

四　嫂　唉，娘子可真有本事！

疯　子　谁说不是！我不是不想帮忙啊，就是帮不上！看她这么打里打外的，我实在难受！可是……唉！什么都甭说了！

赵　老　（出来）哎哟！给我点水喝呀！

疯　子　赵大爷醒啦！

二　春
小　妞　（跑过去）怎样啦？怎样啦？

大　　妈　　只顾了穷忙，把他老人家忘了。二春，先坐点开水！

二　　春　　（往回跑）我找氽子去。（入屋中）

四　　嫂　　（开始坐在凳上作活）赵大爷，你要点什么呀？

疯　　子　　丁四嫂，你很忙，侍候病人我在行！

二　　春　　（提氽子出来，将壶中水倒入氽子，置炉上，去看看缸）妈，水就剩了一点啦！

小　　妞　　我弄水去！

四　　嫂　　你歇着吧！那么远，满是泥，你就行啦？

疯　　子　　我弄水去！不要说，我无能，沏茶灌水我还行！帮助人，真体面，甚么活儿我都干！

大　　妈　　（立起）大哥，是发疟子吧？

赵　　老　　（点头）唉！刚才冷得要命，现在又热起来啦！

疯　　子　　王大妈，给我桶。

大　　妈　　四嫂，教妞子帮帮吧！疯子笨手笨脚的，再滑到臭沟里去！

四　　嫂　　（迟顿了一下）妞子，去吧！可留点神，慢慢走！

小　　妞　　疯大爷，咱们俩先抬一桶；来回二里多地哪！多了抬不动！（找到木棍）你拿桶。

二　　春　　（把桶递给疯子）不脱了大褂呀？省得溅上泥点子！

疯　　子　　（接桶）我里边，没小褂，光着脊梁不像话！

小　　妞　　呱唧呱唧呱唧呱唧。（同疯子下）

大　　妈　　大哥，找个大夫看看吧？

赵　　老　　有钱，我也不能给大夫啊！唉！年年总有这么一场，还老在这个时候！正是下过雨，房倒屋塌，有活作的时候，偏发疟子！打过几班儿呀，人就软得像棉花！多么要命！给我点水喝呀，我渴！

大　妈　二春，扇扇火！

赵　老　善心的姑娘，行行好吧！

四　嫂　赵大爷，到药王庙去烧股香，省得疟子鬼儿老跟着您！

二　春　四嫂，蚊子叮了才发疟子呢。看咱们这儿，蚊子打成团。

大　妈　姑娘人家，少说话；四嫂不比你知道的多！（又坐下）

二　春　（倒了一黄砂碗开水，送到病人跟前）您喝吧，赵大爷！

赵　老　好姑娘！好姑娘！这碗热水救了老命喽！（喝）

二　春　（看赵老用手赶苍蝇，借来四嫂的芭蕉扇给他扇）赵大爷，我这可真明白了姐姐为什么一去不回头！

大　妈　别提她，那个没良心的东西！把她养大成人，聘出去，她会不来看我一眼！二春，你别再跟她学，扔下妈妈没人管！

二　春　妈，您也难怪姐姐。这儿是这么脏，把人熏也熏疯了！

大　妈　这儿脏，可有活儿干呢！九城八条大街，可有哪儿能像这里挣钱这么方便？就拿咱们左右的邻居说，这么多人家里只有程疯子一个闲人。地方干净有什么用，没的吃也得饿死！

二　春　这儿挣钱方便，丢钱也方便。一下雨，摆摊子的摆不上，卖力气的出不去，不是瞪着眼挨饿？臭水往屋里跑，把什么东西都淹了；哪样不是钱买的？

四　嫂　哼，昨儿个夜里，我蹲在炕上，打着伞，把这些背心顶在头上。自己的东西弄湿了还好说，弄湿了活计，赔得起吗！

二　春　因为脏，病就多。病了耽误作活，还得花钱吃药！

大　妈　别那么说。俗语说得好："不干不净，吃了没病！"我在这儿住了几十年，还没敢抱怨一回！

二　春　赵大爷，您说。您年年发疟子，您知道。

大　妈　你教大爷歇歇吧，他病病歪歪的！我明白你的小心眼里都憋着什么坏呢！

二　春　我憋着什么坏？您说！

大　妈　哼，没事儿就往你姐姐那儿跑。她还不唧唧咕咕，说什么龙须沟脏，龙须沟臭！她也不想想，这是她生身之地；刚离开这儿几个月，就不肯再回来，说一到这儿就要吐；真遭罪呀！甭你小眼睛眨巴眨巴地看着我！我不再上当，不再把女儿嫁给外边人！

二　春　那么我一辈子就老在这儿？连解手儿都得上外边去？

大　妈　这儿不分男女，只要肯动手，就有饭吃；这是真的，别的都是瞎扯！这儿是宝地！要不是宝地，怎么越来人越多？

二　春　没看见过这样的宝地！房子没有一间整的，一下雨就砸死人，宝地！

主讲人 陈 铨

明结构

一

戏剧之所以为戏剧，最要紧的就是结构。结构是戏剧的灵魂，没有它，戏剧很难引起观众的兴趣，就算能够引起，也很难维持到底，愈趋愈烈。在一方面来说，结构的目的，就是要用经济的手段，巧妙的方法，来把握观众，不让他们有一点松懈的机会。

戏剧最初的起源是经验。作家对于社会上发生的一件事实，或者自己心灵上引起的一种感触，发生兴趣。经验也许是直接的，就是目见，也许是间接的，就是耳闻，也许是虚构的，就是想象，不管它来源如何，它做了戏剧创作的一个起点。有了这个起点以后，作者再继续思索。把它作成一个有头有尾有中的完整故事。头就是故事的开场，中就是故事的发展，尾就是故事的结束。三者缺一，故事就没有趣味。普通的经验事实，有完整的，假如不完整，作者就要凭他的想象和常识去补充完整，这是作剧的第二步。

故事并不是结构。许多不懂戏剧的人，得着了

◆ "头就……结束"：这种按照剧情的发展变化，将全剧划分为若干个阶段的戏剧结构叫横向结构，与之相对的纵向结构则更为复杂，一部戏剧中往往有多条情节线，如《雷雨》就采用了"主线副线"的纵向结构。

第五课 论戏剧

一个有趣的故事，立刻用对话的方式，敷衍成篇，他以为这就是戏剧，结果是可怜的失败。戏剧的结构，是一种极严密的组织方式。选择材料要经济，排列的手法要巧妙。它必须有一个中心，到某一个时期，它一定要有一个高潮，至于怎么样开场，怎么样发展，怎么样结束，都要有一定的步骤。作家对于故事材料的处置，就像孙吴用兵一样，要井井有条，进退有方，变化错综，丝丝入扣。一个完美结构的戏剧，就像一位理想的美人一样，眉目口鼻，都生在适当的地方，长短大小，恰到好处，言笑举止，没有丝毫不合拍。戏剧的结构，到了高妙的程度，观众从头至尾，心紧目张，如舟行巫峡，路转峰回，如身履泰山，瞬息千变，时而惊涛骇浪，时而柳暗花明，至剧终人散，满意而归，身心交泰，回味无穷。戏剧对于观众，要有这种魔力。它彻底明了观众的心理，观众的悲哀喜怒，都在它的掌握之中。它可以操纵指挥，百不失一。但是这种魔力的来源，主要地在戏剧结构的技巧。

结构固然一部分靠天才，一部分也靠训练。它可以训练，因为它可以捉摸。它有一定的法度，只要能够遵循，加上多次的试验，虽然不能达到最高的地步，至少能够维持观众的兴趣。一个有完美结构的戏剧，人物命意，也许肤浅，不能列入第一流文学，但是它至少可以作"戏园"剧本。许多第一流的文学家，只能写剧本给人读，不能写剧本给人演，也许是因为舞台上物质条件的困难，然而大概是因为没有结构的意识。"戏园"剧本，就是可以

◆ 孙吴：指春秋战国时期军事家孙武和吴起。孙武著有《孙子兵法》，吴起相传著有《吴子兵法》，二人在历史上常常并称。

◆ "戏园"剧本：本书第五课《谈深浅》中提到的"法国的师克雷白，德国的葛慈布"，其创作的剧本大多可归为此类。

205

上演的剧本，而且上演一定可以成功，并不是容易写的。在一个民族戏剧运动萌芽的时候，要鼓动一般人的兴趣，这样剧本最需要了。

二

要谈戏剧的结构，第一步要研究戏剧的中心。许多人以为戏剧的中心，就是主角，有了一个主要人物，戏剧就有了中心。这是一个错误的观念。这个错误观念的发生，是因为大部分的戏剧，里面都有一个主角。但是戏剧的中心，不一定是主角，有好些戏剧，根本没有主角，也可以有戏剧中心。假如有了主角，戏剧家没有把一切的配角，一切发生的事情，集中到主角的某一种动作上面去，他的戏剧，依然没有中心。戏剧最坏的结构，就是传记式的结构。作者选择了一个人物，把他从摇篮到坟墓，所有遭遇的人物，发生的事情，一一描写出来，结果人与人事与事之间，没有连带交互的关系，这样戏剧，最富于催眠作用，因为它没有真正戏剧的中心。

戏剧的中心，不在人物，而在动作。一个戏剧中间，必定要有一个主要动作，其余一切的副动作，都是拿来陪衬它，帮助它，发展它。==一本传记，尽管有千样的事情，聪明的戏剧家，只挑选其中一个最关重要最饶兴趣的动作，来作为全戏的中心，这样，传记就可以成为戏剧了。==有时一个时代，一个运动，一个战争，关系许多的人物，戏剧

◆"一本……剧了"：萧伯纳的《圣女贞德》囊括了法国爱国青年贞德一生的经历，其中以贞德率领法国军队抵抗英军入侵这一事件为戏剧的中心，其他都围绕其展开。

家只要把握着一个关系全局的动作，他尽可以描写许多的人物，甚至于没有主角配角之分。他的戏剧依然有中心。

中心既然决定，作家就要依照这一个中心，去选择人物，动作，语言，来阐明这个中心的来源，发展和结局。他必须要有剪裁，剧本里面，不能有一个无关的人，一件无关的事，一句无关的话。好像百川汇海，众星拱辰，又好像建筑华厦，每一块木料，每一颗钉子，每一堵墙，每一扇窗，都同整个构造有关，缺一不可，多一不行。而且人与人事与事话与话之间，又要互相关联，互相结合，互相支持，互相陪衬。一切的配合，还要合适当的比例，不能太长，不能太短，不可太多，不可太少。戏剧经过这番组织，就宾主分明，相生相克，可以算得有结构了。

==戏剧的中心是动作，但是这一个动作，戏剧家必需要领导到一个高潮，或者一个顶点。==没有高潮的戏剧，就是平淡无味的戏剧。戏剧一开场后，作者利用一些小动作，来引出主要动作，以后逐步发展，逐渐紧张，到了一个最严重的局面，观众心紧目张，连呼吸都不敢呼吸。在这个时候，戏剧的空气最浓厚，戏剧家能否成功，就看在这一个顷刻，他能不能够彻底抓住观众的感情。

一个人的生命，有紧要的关头。生死祸福，全凭这一步决定。一件事情，有严重的局面，成功失败，在此一举。这都是戏剧的高潮。最好的戏剧，通常是把两者合而为一。动作的严重局面，就是主

◆ "戏剧……顶点"：关汉卿的《窦娥冤》中，戏剧的高潮是窦娥在刑场上发下誓言，控诉不公。

角的生死关头，戏剧的高潮，在这种情况之下，最完美了。

有时一个戏剧，用双重的结构，就是两个故事，穿插其间。比如政治的故事，加上一个爱情的故事；战争的故事，加上一个友情的故事，这样的结构，往往能够减少剧情的单调，增加戏剧的热闹。不过到了高潮的时候，两个故事，都要同时演变到最高峰，不然戏剧不但松懈，而且要增加紊乱。莎士比亚和他同时代的戏剧家，最善于使用这种双重的结构，常常获得意外的成功。

戏剧的高潮，通常在第三幕，有时在第四幕，甚至于第五幕。不管它怎么样，在高潮以后，必定有一个解决的方式。没有解决，戏剧就没有完成，故事没有终结，观众是不能满意的。不过解决的方式，须要潜伏于前面几幕的戏剧之中。或者人物的个性，或者某种的行为，到时候自然水到渠成，不是突如其来，不是平地生根。一切要自然，要有根据。在戏剧写开场白的时候，作者的全神已经贯注到结尾了。戏剧所以难写，就是每写一句要顾到全体，每写开场，要顾到终结。没有这样组织能力，戏剧就是杂凑，或者勉强。中国戏剧，一到无法可办的时候，就请观音菩萨来打救，希腊的戏剧，常常用机器把天神从空中降下来，近代的喜剧，到青年男女无法结婚的时候，让律师带来一个有钱叔父的遗嘱，这都是没有办法的办法，不是理想解决的方式。

◆幕：剧本和戏剧演出中一个相对完整的时空构造或情感段落。起源于欧洲文艺复兴以后，五四新文化运动后传入中国。根据幕的多少，又可将戏剧分为独幕剧或多幕剧。与"幕"概念相似的还有"场"，它比"幕"的规模更小。过去西方戏剧多为五幕剧、四幕剧，现代戏剧的分幕分场则更为灵活自由。

三

戏剧的结构，简单说来，就好像取一根绳子，打了许多的结子，愈打愈多，多到不能再多的时候，又把它一个个重新解开。打结和解结，就是戏剧的结构。

在第一幕中间，戏剧家借动作和语言，来介绍人物。某一个人物，是某一种身份，有某一种性格，处在某一种地位，同戏剧中心，有某一种的关系。说话要经济，动作要简单，不经济简单，就要使人生厌。第二是描写背景。这个故事，发生在什么环境，环境有些什么特征。第三是追述过去。以前发生过什么有关的事情，现在是一种什么局面，都要清楚点明。第四是暗示将来。悲剧就要先布满悲惨的空气，喜剧要有轻松的情调。将来到底怎么样呢？作家可以暗示我们，但是绝不能明说，因为一明说，就没有趣味了。到结尾的时候，他要在每一个观众的脑子里，写上一个大大的问话符号。

在第二幕中间，人物要成长变化，动作继续发展，困难逐渐增加，问话符号，愈是扩大，层层逼紧，步步生新，变化无端，花样百出。[1]到结尾的时候，观众的兴趣，更见提高，心弦更见紧张，就想离开剧场，也不可能。他已经走入戏剧家的谜

◆ 打结和解结：戏剧结构的技巧之一，又可以称为"系扣"和"解扣"，最早由亚里士多德在《诗学》中提出。"扣"指悬念或问题，"系扣"即提出问题或制造悬念，"解扣"即解决问题或揭开悬念。中国古典戏曲理论中虽无"悬念"一词，但明末清初戏曲家李渔在《闲情偶寄》中提出了与"悬念"内涵近似的"收煞"一词。

---

[1] 汤显祖的《牡丹亭》中，南安太守之女杜丽娘自小受封建礼教束缚，深居闺中，后来受《诗经·关雎》触动，和侍女一起偷偷走出深闺，前往后花园游赏，在"姹紫嫣红开遍"的春色中，她心中的青春意识逐渐萌生。详见课后延展阅读：《惊梦》。

> ◆"到第……极端"：高潮，也称顶点，是全剧的矛盾冲突最尖锐、情节发展最紧张、情感爆发最强烈的部分，同时也是全剧故事进程中最关键的转折点，中国戏曲理论中，"起、承、转、合"的"转"即为高潮。

> ◆夔，kuí。夔门：在长江三峡之一的瞿塘峡西端入口处，两岸断崖高耸，宽不及百米，形同门户，因此得名。

> ◆康庄：宽阔平坦、四通八达的道路。

> ◆"这种……方式"：以亚里士多德为代表的欧洲古典剧作中，多采用这种结构方式，但其他剧作中也有背离这项原则的，如现代剧作中常见的开放式结尾。

团，他失掉了自由，听他摆布。

到第三幕，一切的酝酿，到了高潮。观众的感情，提高到白热度，喜怒哀乐，尽到极端。但是故事并没有讲完，问题还没有解决。他还期待着，他要看看到底结果如何。戏剧家于极度紧张之时，在自己内心上，依然保持冷静的态度。观察观众的心理，想方设计，讲一半，留一半，维持他的兴趣。

戏剧的动作，照例第三幕最高峰，逐渐下降，困难一步步解开。但是在下降的时候，不能采取迅速的垂直线，须要有波澜起伏。有些戏剧家，在第四幕还有第二个高潮，不过不及第三幕那样高度罢了。这如像夔门过后，还有无数山峰，没有康庄坦途。

最后的一幕，是全剧的终结。当然不能平铺直叙，依旧妙趣横生。不过这时候，动作要快，不能多事徘徊。通常第五幕应当是全局最短的一幕，因为观众到这个时候，没有耐心，来看细腻的描写、大段的抒情，他们最着急要知道的，就是故事如何收束。戏剧在这儿更要特别留心，不可拖沓，也不可苟且。到结尾的时候，更要滴滴归源，大小问题，都给它一个自然而适当的解决。要是悲剧，更要洗净观众的悲情，要是喜剧，更要保持轻松的空气，明示全剧的教训。

这种结构的方式，是欧洲戏剧典型的结构方式。在许多的地方，作家常常有修正变化，不过在大体上，戏剧的动作，总要经过这一段过程。尤其在初学作剧的人，不遵循这样的规律，往往会一败涂地。

四

结构的本来目的，就是要用一种适当排列的方法来引起保持观众的兴趣。戏剧是要人看的，而且是要人看了发生兴趣的。怎么能够达到这一个目的，戏剧家就不能不仔细研究。有许多在社会上已经享了盛名的诗人、小说家，把戏剧看得太容易，以为随意抒写，就可以成文章，然而结果他的成功，什么都是，就是不是戏剧。

结构是不自然的，有许多作家，口口声声，要描写自然，觉得人生一有结构，就是不自然的人生，根本违反文学的真理。然而文学并不是自然，顶多只能逼近自然。至于戏剧，简直可以说，是文学中最不自然的形式。人生是没有趣味的，戏剧不但要有趣味，而且要这种趣味，自始至终，不要松懈，它怎么能够同自然完全一样呢？

结构需要冷静的理智，来选择排列收集的资料。它和作诗，根本不同。诗人到技术纯熟的时候，可以全凭情感，嬉笑怒骂，皆成文章。至于戏剧却没有这样便易的事。舞台只有这样大，时间只有那样长，每一个人说话的机会只有那样多，作家一时兴之所至，哪能样样合适呢？

不过自然和情感，戏剧里也有充分表现的余地。这不在文字的长短，而在精力的集中。**带起**枷锁跳舞，也许是很费劲的事情，但是在超越的天

◆ 带起：应为"戴起"。

才,也可以有惊人的表演。

假如一位作家,没有这种本事,去利用这样狭窄的机会,或者成见在先,满心不乐意去受任何的束缚,那么他尽可以改行,不必自寻苦恼。好在人生有益的事情甚多,可以造福人类社会的,正不只戏剧一样。

(选自《戏剧与人生》)

延展阅读

惊 梦
节选自元代汤显祖《牡丹亭》第十出

【绕池游】(旦上)梦回莺啭,乱煞年光遍。人立小庭深院。(贴)炷尽沉烟,抛残绣线,恁今春关情似去年?〔乌夜啼〕"(旦)晓来望断梅关,宿妆残。(贴)你侧著宜春髻子恰凭阑。(旦)翦不断,理还乱,闷无端。(贴)已分付催花莺燕借春看。"(旦)春香,可曾叫人扫除花径?(贴)分付了。(旦)取镜台衣服来。(贴取镜台衣服上)"云髻罢梳还对镜,罗衣欲换更添香。"镜台衣服在此。

【步步娇】(旦)袅晴丝吹来闲庭院,摇漾春如线。停半晌、整花钿。没揣菱花,偷人半面,迤逗的彩云偏。(行介)步香闺怎便把全身现?(贴)今日穿插的好。

【醉扶归】(旦)你道翠生生出落的裙衫儿茜,艳晶晶花簪八宝填,可知我常一生儿爱好是天然。恰三春好处无人见。不堤防沉鱼落雁鸟惊喧,则怕的羞花闭月花愁颤。(贴)早茶时了,请行。(行介)你看:"画廊金粉半零星,池馆苍苔一片青。踏草怕泥新绣袜,惜花疼煞小金铃。"(旦)不到园林,怎知春色如许!

【皂罗袍】原来姹紫嫣红开遍,似这般都付与断井颓垣。良辰美景奈何天,赏心乐事谁家院!恁般景致,我老爷和奶奶再不提起。(合)朝飞暮卷,云霞翠轩;雨丝风片,烟波画船——锦屏人忒看的这韶光贱!(贴)是花都放了,那牡丹还早。

【好姐姐】(旦)遍青山啼红了杜鹃,荼䕷外烟丝醉软。春香呵,牡丹虽好,他春归怎占的先!(贴)成对儿莺燕呵。(合)闲凝眄(miǎn),生生燕语明如翦,呖(lì)呖莺歌溜的圆。(旦)去罢。(贴)这园子委是观之不足也。(旦)提他怎的!(行介)

【隔尾】观之不足由他缱,便赏遍了十二亭台是枉然。到不如兴尽回家闲过遣。(作到介)(贴)"开我西阁门,展我东阁床。瓶插映山紫,炉添沉水香。"小姐,你歇息片时,俺瞧老夫人去也。(下)

牡丹亭游园图

选人物

主讲人 陈 铨

一

戏剧最重要的条件是结构，其次就是人物。有故事而无结构，不能引起观众的兴趣，有结构而无人物，戏剧就会流于肤浅。结构是形式，人物是内容，没有内容，感人不深，虽然能够引起观众一时的快感，等到夜阑人散，一切就消归于无何有之乡。

戏剧的人物，须要先经过一番选择。大部分的人，都是没有戏剧趣味的，只有有戏剧趣味的人物，才可以搬上戏台。但是戏剧的趣味，凭什么标准去决定呢？

第一要看这一个人有没有特殊之点。一个普通的人，他的言语笑貌举动，同千万人一样，就不能引起我们的兴趣，只有一种特殊的人物，任何方面，都和平常人不同，上天下地，往古来今，只有他一个人是这样，任何人都同他两样。这样的人，才有刺激性，大家才乐意知道他。照普通情形来说，能够引起观众兴趣的，好人不如坏人，乐天安命的人，不如冒险拼命的人；农夫不如猎人；坐商不如行商，行商不如航海；好妻子不如交际花；规矩的仆妇，不如嘴灵舌便的丫头；差人不如强盗；文人不及武人；结婚不如偷情；吃饭不如喝酒；谈天不如吵架，吵架不如决斗。因为前一种的人物行动是平常，后一种是反常，反常就比较有趣味。

固然，站在道德的立场来观察，有一些人一定会觉得，反常的人物，有毒害人心世道的危险，然而这是过虑。因为道德不道德，不在人物的本身，而在戏剧家全部的命意。他可以劝善惩恶，寓褒贬于字里行间。他虽然把坏人写得有声有色，然而坏人始终是坏人。《三国演义》尽管写曹操，然而曹操始终负千载的骂名，三岁小儿，也知道辨别。《水浒传》尽管写一百零八条好汉，然而强盗依旧是强盗。《金瓶梅》整个的书写淫乱，然而西门庆潘金莲谁又能不责备他们？一部《春秋》描写了多少臣弑君，子弑父，淫乱凶残，然而春秋大义的灵光，照耀千古。《诗》三百篇，载多少淫奔之诗，然而《诗经》是儒家教育的宝鉴。可见这完全不是题材的问题，而是处理的问题。

在另外一方面来说，真正高明的作家，也可以从极平常的人物里，去发现极特殊的事情；极平常的生活，发现极惊奇的心境。实际上许多戏剧上的题目，起初也许新奇，后来经过许多作家的运用，就变陈腐了。怎么样推陈出新，这就要看戏剧家的本事。譬如爱情的题目，写的人真是太多。爱情的人物，很不容易引起人浓厚的兴趣。然而<u>罗密欧与朱丽叶</u>，<u>浮士德</u>和<u>格锐琴</u>，却成了千古不朽的人

◆ 罗密欧与朱丽叶：莎士比亚著名悲剧中的男女主人公。剧中，出身封建家族的青年罗密欧与朱丽叶相爱，但他们的爱情因为两家有世仇而被阻挠，最终双双殉情。莎士比亚以诗意浪漫的语言，刻画了一对追求爱情自由，反叛封建束缚的典型人物形象。

◆ 浮士德：德国作家歌德所作诗体悲剧《浮士德》中的主人公。为追寻人生的意义，他把自己的灵魂卖给了魔鬼。浮士德的形象来源于民间传说，但歌德受启蒙思想影响，对其加以改造，塑造了一个为追求崇高理想和个性解放而不懈努力的典型悲剧形象。

◆ 格锐琴：今译作格蕾琴、格蕾卿等。浮士德与魔鬼游历世界时爱上的一位民间少女。她青春靓丽，热情奔放，敢于突破封建伦理道德和宗教的束缚，自由追求爱情，是自然人性的化身。然而她最终却在封建势力的压迫下疯魔、入狱、被判死刑。

物。又拿航海来说，描写的作家，何止千万，然而星伯达和鲁滨孙，始终没有人能同他们竞争。农人的生活最平常了。近代两个最伟大的小说家哈代和托尔斯泰，却专心致志，以农民为对象，获得伟大的成功。

不过道理还是一样。假如一位平常的人，经过戏剧家的描写，成了极饶兴趣的人物，那么这个人物，已经从平常人物变成特殊的人物了。

戏剧上的人物第二个选择的标准，就要看这一个人物是否处在一个冲突的局面。人类平常的生活，是没有冲突的，一到有冲突的时候，他的生活就不平常，他的个性里边，就包含了戏剧成分。

冲突分外界和内心。外界的冲突，如像国家与国家，团体与团体，个人与社会，因为意志伸张，遭逢阻厄，形成冲突的局面，甚至于到了生死关头。这个时候，一切都是紧张的，双方面都使用所有的力量，来加入斗争。观众提心吊胆，不知道结果如何。这就是戏剧最好的材料了。但是这种冲突，仅只是外来的，虽然紧张，还不深刻，虽然痛苦，还不悲惨。至于内心的冲突，却是剧中人物，走到了生命的歧途，他不知道怎样选择。有时凭着他光明的人格，选择了牺牲的途程，使我们同情他，同时又可怜他。如像忠孝不能两全，爱情与友谊不能兼顾，到底哪一样好呢？剧中人这样问，观众也这样问，戏剧家并不替我们答复，他只把这一个问题提出，让我们自己去解决。在这种冲突局面之下，戏剧的人物，就耐人寻思，同时也就令人发

◆星伯达：今译作辛巴达。阿拉伯民间故事集《一千零一夜》中的水手。

◆鲁滨孙：英国作家笛福的长篇小说《鲁滨孙漂流记》中的主人公。

◆哈代（1840—1928）：英国作家。他的许多作品是以农民为对象的，如小说《苔丝》的主人公是一位农村姑娘，《无名的裘德》的主人公是一位农村青年。

生趣味。

二

人世经验肤浅青年的人，通常把人类分成两大类，一类是好人，一类是坏人。等到年龄愈大，经验愈多，才知道完全不是这么一回事。好人常常有他的弱点，坏人间或也有他的优点，甚至于弱点就是优点，优点就是弱点，人生就是这样相反相成。戏剧的趣味，也就根据这一个基本的原则。

舞台上最怕十全十美的好人了。在实际人生中间这种人物，虽然不容易碰见，我们还要馨香祷告，有一天会碰见他，但是进了戏园，遇着这样的人，我们就忍不住要打呵欠。

人类不是上帝，他多少都有些弱点。好人有坏的时候，坏人有好的时候，这不是本质的问题，乃是次数多寡的问题。梁山泊的强盗，杀人放火，应当是坏人，然而里面的人物如像武松鲁达李逵，忠肝义胆，济困扶危，却是好人中难得的德操。石秀为人，精明强干，不受女人的引诱，财帛分明，对把兄义气如山，我们可以叫他作好人了，然而他急于辨白自己，残酷无情，一杀再杀，施耐庵又给我们对他一种尖酸刻薄的坏印象。

人性是复杂的，道德法律是简单的，等到一个人一切的行动，部合乎法律道德，他自然可以成功一个好人，他也就变成简单。简单的人物，是平面的，不是立体的；是肤浅的，不是深刻的；是无聊

◆"人世……的人"：应为"人世经验肤浅的青年人"。

◆泊，pō。梁山泊：元末明初小说家施耐庵的长篇小说《水浒传》中，以宋江为首的农民起义军的根据地。

◆鲁达：即鲁智深，原名鲁达。《水浒传》中著名人物。绰号"花和尚"。因疾恶如仇，打死恶霸镇关西，不得已出家，法名智深。其人武艺高强，好打抱不平，看似鲁莽，实则粗中有细。

◆李逵：《水浒传》中著名人物。绰号"黑旋风"。其人鲁莽冲动，好打打杀杀，但也爱憎分明，见义勇为。

◆石秀：《水浒传》中著名人物。绰号"拼命三郎"。为解除结拜兄弟杨雄的误解，他暗中调查，连杀两人。

◆部：应为"都"。

的，不是有趣味的。假如一个剧本，充满了这样的人物，这个戏剧也就塌台了。

进一步来说，许多道德上的情操，推到极点，立刻就包含一种不可救药的缺憾。宋襄公要行仁义，不重伤，不禽二毛，因此打一个大败仗。岳飞要服从皇帝的命令，班师回朝，自己牺牲，国家覆灭。青年人为着恋爱，牺牲了一切的前途。诚实不欺的人，到处受人欺负。这些都是本人的优点，同时也就是他的缺点，他的缺点，同时也就是他的优点。戏剧能够把这一种人生的哲理，用生动的笔调，抒写出来，他就是成功的戏剧家。

戏剧上的人物，分典型人物和个性人物。典型人物，是各式各类人物的代表，个性人物才是特殊生动的活人。代表只有外形的特点，没有内心的生活，戏剧家的职务，就是怎么样把典型人物，鞭辟入里，使他成为个性人物。这种个性人物，有典型人物一切的特点，甚至于有全人类的共通性，同时他也有他自己个别的特点，天下古今，没有第二个人和他一样。因为他和人类相同，所以我们对他的遭际心境，能够了解同情；因为他和别人相异，我们对他的性情人格，发生浓厚的兴趣。只有典型人物，没有个性人物的戏剧，不是深刻动人的戏剧。

戏剧上的人物，最好是能够成长变化。人生是一种教育，前定的经验，常常影响后来的性格行为。一位极良善的人，可以变得极奸诈，一位极凶恶的人，可以变得极规矩。这种转变的过程，中间往往包含丰富的戏剧意味。戏剧的作家，把这种地

◆ 宋襄公（？—前637）：春秋时宋国国君。前638年，宋襄公带兵伐郑，与救郑的楚兵展开泓水之战。在楚兵渡河时坚持"仁义"，不肯半渡而击，导致错失战机，最终被打败。

◆ 重伤：再次伤害已经受伤的人。

◆ 不禽二毛：不捕获年长的人。

◆ 岳飞（1103—1142）：南宋初抗金名将。在领兵北伐金军节节胜利之时，被一心求和的宋高宗赵构和宰相秦桧发布十二道金牌召回朝中，下狱身死。

方抓住，他描写的人物就不会死板干燥了。

不但在整个一生的过程里，一个人有成长变化，就是顷刻之间，也可以酿成一个转机，夫妻可以反目，情侣可以乖离，群臣相忌，父子相残，同室操戈，友朋拼命，甚至整个国家民族，引起战争，沦为奴隶，都起于一念之差，笑谈之下。这样转变的关头，是人生最重要的关头，也是戏剧家描写人物最好的机会。

◆乖离：背离；抵触。

三

戏剧家用什么方法来描写人物呢？有直接的方法，有间接的方法。❶

直接的方法，就是把戏剧上人物的个性，观察分析，然后正确地把他一切的特点，尽量地描绘出来。有时候用他自己的语言，有时候用他自己的行动。语言必须要做到透明的地步，观察可以一见了然。假如他是一个奸猾的人物，他嘴里的话，尽管漂亮，他自己本来的性格，还是无形中流露在话的后边。剧中人物的对手，可以受他的欺骗，观众却并没有受他的欺骗。不过透明并不是肤浅，或者不近人情。好人口里说他自己是好人，已经不太高妙，坏人说他自己是坏人，除非在特种情形之下，就非常孩气可笑了。

◆"假如……欺骗"：莎士比亚的喜剧《威尼斯商人》中，商人夏洛克在法庭上言辞激烈，看似有理有据地为自己追讨债务，但他的奸猾和残忍却在话语中流露出来。

---

❶ 《长亭送别》是元代王实甫《西厢记》中的经典选段，这一选段同时运用直接描写和间接描写来表现崔莺莺这个人物的性格特点。详见课后延展阅读：《长亭送别》。

第五课　论戏剧

戏剧上的语言，有能够表示个性的，有不能表示个性的。不能表示个性的长篇演说，随意闲谈，再说得多，还是毫无作用。能够表示个性的只要一两句话，就很够了。曹孟德"宁使我负天下人，不使天下人负我"，充分表现奸雄的本色。项羽不愿意见江东父老，寥寥数语，也充分表现光明磊落的作风。自然主义的作家，往往把一个人的言语，极忠实仔细地记载下来，不加选择，不肯剪裁，结果人物的个性，依然模糊，无味的语言，只惹人嫌厌。

同样，用行动来描写人物，也要采取经济的手腕。照一般情形来说，行动比较语言，更能给人深刻的印象。讲一句蠢话，不如做一件蠢事，谈爱情不如作爱情。但是行动也有戏剧的，也有非戏剧的。假如一种行动，是一种极普通的行动，又不是在适当的时机，不能刻画人物的个性，那么这种行动，就没有戏剧的价值。

间接描写的方法，就是借旁人的语言行动，来刻画剧中人物的个性。特别是剧中的主要角色，非用这一种方法，不能满意地把他烘托出来。莫利哀的《伪君子》，在主角没有上台以前，大家都在谈他，观众已经知道他，很想同他会面。所以他一上台，很容易就表现他鲜明个性了。因为旁人的谈话，比较自己的谈话，还容易深刻，旁人不但在形容他，他对旁人的影响，也间接表现出来。至于在行动方面，假如某人的某种行动，是因为受了某人的影响支配，那么这位影响支配人物的个性，就没

◆ "宁使……负我"：出自元末明初小说家罗贯中的长篇小说《三国演义》第四回，原句是"宁教我负天下人，休教天下人负我"。

◆ "项羽……父老"：出自西汉司马迁所著《史记·项羽本纪》。

◆ 莫利哀：今译作莫里哀（1622—1673），法国戏剧作家、戏剧活动家。一生创作喜剧三十余部，代表作有《伪君子》《唐璜》《吝啬鬼》等。

◆《伪君子》：也译作《达尔杜弗》，五幕诗体喜剧。讲的是伪装成圣洁教士的骗子达尔杜弗混进一个富商之家，企图勾引其妻子并夺其家财，最后真相大白，被捕入狱。在第一幕中，主人公达尔杜弗虽未出场，但作者通过其他人之口，对他做了详细的描述。第二幕中，富商奥尔弗被达尔杜弗迷惑，甚至想把已经有婚约的女儿嫁给他。直到第三幕，达尔杜弗才正式登场。

有解释的余地了。

四

戏剧起源于人生，终结于人生。戏剧家要描写人物，他必须要时时刻刻，观察人生，体验人生，明了人生的哲理。人类有什么弱点，人生有什么意义，好人何以变坏，坏人何以变好，是非善恶，有什么价值，尤其重要的，人生当中，哪一种是美，哪一种是丑，这一些千百的问题，戏剧家都要冥思苦索，游戏人间，等到自己得到真理，才可以把真理告人。他的作品，对人生才是一种启示。他指导人类，改善人类，他替人类打气，使他们有勇气，来做精彩壮烈的生活。

人类是永远不满意的，人类社会的丑恶，是永远描写不尽的。假如一位戏剧家，对人生还没有把握，他也许有深刻观察的力量，有充分表现的本事，然而他往往会只看见人生的一方面，而不是人生的全体，他的作品，不过是他失望的呼声，人生丑恶的图画。观众看后，垂头丧气，万念俱灰，这是末世文学的作风，不是真正伟大文学的使命。

真正伟大的戏剧，对人生应当是建设的，不仅是破坏的。它是人类力量的结晶，生命的泉源，人类不能缺少它。因为没有它，人生就减少了许多的意义。固然，在动乱的时代，社会上百弊丛生，戏剧家不平则鸣，指出人类一切的弱点，让他们看不惯，受不了，养成改革的动机，然而很不幸的，就

◆末世文学：作者认为文学有"盛世文学"和"末世文学"之分，两者的区别之一是末世文学的作者对人生是否定的。

第五课　论戏剧

是好些作家,借只谈病症不开药方的口号,肆情攻击,一筹莫展,因而增加时代的苦闷,漫漫长夜,何日天明,因而颓废无聊,肆情纵欲,利禄薰心,理想幻灭,这样的影响,至少不是戏剧家的初衷。

善有善报,恶有恶报,是粗浅的伦理观念,世故稍微深刻一点的人,早就知道不完全是这么一回事。深刻的戏剧家,当然不会根据这个原则来描写人物。不过善人不得善报,他行善还有什么意义,恶人不得恶报,他行恶还有什么制裁,这是第一流戏剧家应当想办法处置的问题。他不能只借"深刻"的口号,故意违反大家的道德情操。深刻的哲学,有深刻解答的方式,戏剧家不读书,不思想,只图笔下快意,是不对的。

固然,在戏剧创造,写恶人易,写好人难,写正面很难讨好,写反面容易引起兴趣,然而戏剧起源于人生,还要终结于人生。它对人生发生什么影响,作者不容忽视。

所以怎么样使戏剧上的人物,有特殊的个性,怎么样使他们对人生有正确的启示,这是戏剧创造上最严重的问题。

（选自《戏剧与人生》）

> **延展阅读**

长亭送别
节选自元代王实甫《西厢记》第四本第三折

（夫人长老上云）今日送张生赴京，十里长亭安排下筵席。我和长老先行，不见张生、小姐来到。（旦末红同上）（旦云）今日送张生上朝取应，早是离人伤感，况值那暮秋天气，好烦恼人也呵！悲欢聚散一杯酒，南北东西万里程。

【正宫】【端正好】碧云天，黄花地，西风紧，北雁南飞。晓来谁染霜林醉？总是离人泪。

【滚绣球】恨相见得迟，怨归去得疾。柳丝长玉骢难系。恨不倩疏林挂住斜晖。马儿迍迍的行，车儿快快的随。却告了相思回避，破题儿又早别离。听得一声"去也"，松了金钏；遥望见十里长亭，减了玉肌。此恨谁知！

（红云）姐姐，今日怎么不打扮？

（旦云）你那知我的心里呵！

【叨叨令】见安排着车儿、马儿，不由人熬熬煎煎的气；有甚么心情花儿、靥儿，打扮的娇娇滴滴的媚；准备着被儿、枕儿，则索昏昏沉沉的睡；从今后衫儿、袖儿，都揾做重重叠叠的泪。兀的不闷杀人也么哥，兀的不闷杀人也么哥！久已后书儿、信儿，索与我恓恓惶惶的寄。

（做到见夫人科）（夫人云）张生和长老坐，小姐这壁坐，红娘将酒来。张生，你向前来，是自家亲眷，不要回避。俺今日将莺莺与你，到京师休辱末了俺孩儿，挣揣一个状元回来者。（末云）小生托夫人余荫，凭着胸中之才，视官如拾芥耳。（洁云）夫人主见不差，张生不是落后的人。（把酒了，坐）（旦长吁科）

【脱布衫】下西风黄叶纷飞，染寒烟衰草萋迷。酒席上斜签著坐的，蹙愁眉死临侵地。

【小梁州】我见他阁泪汪汪不敢垂，恐怕人知；猛然见了把头低，长吁气，推整素罗衣。

【幺篇】虽然久后成佳配，奈时间怎不悲啼。意似痴，心如醉，昨宵今日，清减了小腰围。

（夫人云）小姐把盏者。（红递酒，旦把盏长吁科云）请吃酒。

【上小楼】合欢未已，离愁相继。想著俺前暮私情，昨夜成亲，今日别离。我谂知这几日相思滋味，却元来此别离情更增十倍。

【幺篇】年少呵轻远别，情薄呵易弃掷。全不想腿儿相挨，脸儿相偎，手儿相携。你与俺崔相国做女婿，妻荣夫贵，但得一个并头莲，煞强如状元及第。

（夫人云）红娘把盏者。（红把酒科）（旦唱）

【满庭芳】供食太急，须臾对面，顷刻别离。若不是酒席间子母每当回避，有心待与他举案齐眉。虽然是厮守得一时半刻，也合著俺夫妻每共桌而食。眼底空留意，寻思起就里，险化做望夫石。

（红云）姐姐不曾吃早饭，饮一口儿汤水。（旦云）红娘，甚么汤水咽得下！

【快活三】将来的酒共食，尝著似土和泥；假若便是土和泥，也有些土气息，泥滋味。

【朝天子】暖溶溶玉醅，白泠泠似水。多半是相思泪。眼面前茶饭怕不待要吃，恨塞满愁肠胃。蜗角虚名，蝇头微利，拆鸳鸯在两下里。一个这壁，一个那壁，一递一声长吁气。

（夫人云）辆起车儿，俺先回去，小姐随后和红娘来。

（下）（末辞洁科）（洁云）此一行别无话儿，贫僧准备买登科录看，做亲的茶饭，少不得贫僧的。先生在意，鞍马上保重者。从今经忏无心礼，专听春雷第一声。（下）（旦唱）

【四边静】霎时间杯盘狼藉，车儿投东，马儿向西。两意徘徊，落日山横翠。知他今宵宿在那里？有梦也难寻觅。

张生，此一行得官不得官，疾便回来。（末云）小生这一去，白夺一个状元，正是：青霄有路终须到，金榜无名誓不归。（旦云）君行别无所赠，口占一绝，为君送行：弃掷今何在，当时且自亲。还将旧来意，怜取眼前人。（末云）小姐之意差矣，张珙更敢怜谁？谨赓一绝，以剖寸心：人生长远别，孰与最关亲？不遇知音者，谁怜长叹人？（旦唱）

【耍孩儿】淋漓襟袖啼红泪，比司马青衫更湿。伯劳东去燕西飞，未登程先问归期。虽然眼底人千里，且尽生前酒一杯。未饮心先醉，眼中流血，心里成灰。

【五煞】到京师服水土，趁程途节饮食，顺时自保揣身体。荒村雨露宜眠早，野店风霜要起迟。鞍马秋风里，最难调护，最要扶持。

【四煞】这忧愁诉与谁？相思只自知，老天不管人憔悴。泪添九曲黄河溢，恨压三峰华岳低。到晚来闷把西楼倚，见了些夕阳古道，衰柳长堤。

【三煞】笑吟吟一处来，哭啼啼独自归。归家若到罗帏里，昨宵个绣衾香暖留春住，今夜个翠被生寒有梦知。留恋你别无意，见据鞍上马，阁不住泪眼愁眉。

（末云）有甚言语，嘱付小生咱？（旦唱）

【二煞】你休忧文齐福不齐，我则怕你停妻再娶妻。休要一春鱼雁无消息，我这里青鸾有信频须寄，你却休金榜无名誓不归。此一节君须记：若见了那异乡花草，再休似此处栖迟。

（末云）再谁似小姐，小生又生此念？（旦唱）

【一煞】青山隔送行，疏林不做美，淡烟暮霭相遮蔽。夕阳古道无人语，禾黍秋风听马嘶。我为甚么懒上车儿内？来时甚急，去后何迟？

（红云）夫人去好一会，姐姐，咱家去。（旦唱）

【收尾】四围山色中，一鞭残照里。遍人间烦恼填胸臆，量这些大小车儿如何载得起？

（旦红下）（末云）仆童，赶早行一程儿，早寻个宿处。泪随流水急，愁逐野云飞。（下）

主讲人
陈　铨

炼语言

◆叙事诗：叙事和抒情相结合的一种诗体形式。有比较完整的故事情节和人物形象。如史诗、英雄颂歌、故事诗、诗剧等。代表作有西方的《荷马史诗》、中国藏族的《格萨尔王传》等。

一

　　戏剧的语言，和诗歌小说的语言不同。诗歌抒发自我的性灵，小说描写人物的心理，两者都带不少主观成分。在小说和叙事诗中间，有时作者也可以让描写的人物自己说话，然而大部分还是替他说话，用第三人称的方式，来仔细说明他的动机，个性环境。作者随时可以说明解释，感慨议论。但是戏剧家却没有这样的自由。他必须要尽量客观，他不能自己站出来讲话。每一句话，都要适合剧中人物的个性和心境，假如他勉强把自己的意见，放在人物的口中，他就要损伤戏剧的逼真性。

　　戏剧的长度是有限的，所以戏剧家活动的范围，比较窄小。他不能够随意发挥，他必须要选择配合。戏剧的时间，比较集中，戏剧家不能写许多年代，各种不同时间的事情，因此他不能不用经济的方法，把前因后果，都在短促的时间显出。

　　戏剧的语言，最难得是情文相生。在作剧之前，大纲拟好了，怎样使细小的情节，逐步发展，自然而然地，恰合原来的大纲，这真是不容易的事情。在语言方面，尤其要紧的，就是要一句话逗出一句话，前面的话暗伏后面的话，后面的话，返照前面的话。一切像流水一般，连续不断，又像风行水上，触处成文。戏剧家有无天才，有无灵机，有无工夫，多半在这地方，可以判断。

◆逗：招惹；逗引。

舞台的语言，句句都要有戏剧的趣味，换言之，就是每一句话，演员都有戏可做。无聊的对话，长篇的演说，导演演员往往无法处理。他的文章也许很流利，言语很漂亮，然而没有戏也是枉然。语言要有戏，本身一定要包含一种动作。有的是身体的动作，有的是内心的动作。身体的动作，使演员不全于呆板，内心的动作，更使剧情紧张。还有戏剧上常常需要一种情势，作者老早就苦心经营，到时候，话尽管不多，也许是极平常的两句话，然而它可以有千钧之重，意趣横生，令人吟味不置。在这种情形之下，戏剧语言的成功和失败，倒不在语言的本身，而在运用的手段。

◆"语言……动作"：老舍的《茶馆》第三幕中，一句"四爷，让咱们祭奠祭奠自己，把纸钱撒起来，算咱们三个老头子的吧"，把剧情推向了动作的顶点——撒纸钱。

戏剧的结构，是戏剧的灵魂，推进结构，却要靠语言的力量。结构就是主要动作的发展。我们说语言推进结构，就不啻说，语言要推进主要动作。假如舞台上的话，没有这个功用，他就会把主要动作停滞，观众的兴趣，就减少了。不过推进有正面推进和反面推进之分。正面推进，是借语言让动作迅速前进，反面推进，就是动作要前进，故意迟延，因而增加观众紧张的情绪。不过故意迟延，是有戏剧作用的，无意迟延，是没有戏剧作用的，两者不能混为一谈。

◆"反面……情绪"：莎士比亚的《哈姆雷特》中，多处运用长段自白，如那段著名的"生存还是毁灭"的自白，充分揭示出哈姆雷特内心的冲突、犹豫，使他的主要动作——为父复仇迟迟没有推进，造成一种"延宕"。

戏剧人物的个性，要靠对话来描写，所以对话本身，要随时有描写个性的功用。每一个人说话，有每一个人说话的方式、习惯、身份，以及一切的特点。戏剧家必须要时时留心，揣摩仿效。通常最成功的人物，只要一开口，别人不看见他，也知道他是某人。❶不但主角这样，配角也应当这样。假如这个人的话，那个也可以说，或者任何人都可以说，那么这个人一定没有特殊的个性。个性人物，不是典型人物。一个人尽可以代表某一团体、某一阶级、某一族类说话，然而他自己还是自己，同样的人绝不能仿效他。

戏剧不但表现人生的事实，还要表现人生的哲理。亚里斯多德说，戏剧比历史还要哲学。历史是一时的，哲学是永久的。戏剧家借个别的现象，来表现普遍的真理，所以他能够超越时代，事过境迁，观众还能够对他的作品发生兴趣。戏剧的语言，到了最高的程度，除掉适合一切要求之外，还要能够表现人生的哲理。戏剧家在深刻的人生观察经验之后，说出一两句亲切有味的话来，这种道理也许是人人心中有的，但是自己没有说出，经戏剧家点明，观众忍不住点头称赏。同时心中的快乐，是难以形容的。

不过戏剧家不是哲学家，戏剧不是哲学论文。长篇大论的哲学讨论，是戏剧最可怕的敌人，不合个性情势的哲学标语，是不可饶恕的错误。假如戏

---

❶ 老舍在《答复有关〈茶馆〉的几个问题》一文中提到，"我设法使每个角色都说他们自己的事……厨子就像厨子，说书的就像说书的了"。详见课后延展阅读：《茶馆》。

剧家在对话中间，到处掉书袋子，讲哲学话，是很危险的。只有到适当的时机，自然的环境，恰合的人物，才能借题发挥，不然就会弄巧反拙。

二

戏剧的语言，还要戏剧的题材。悲剧和喜剧，是不同的。悲剧的态度是严肃的，所以语言应当沉重而有力。剧中人物，经过深刻的人生经验，他说出来的话，不能开玩笑。拿悲剧的英雄来开玩笑，不但破坏悲剧的空气，而且悲剧英雄庄严伟大的性格，也因此损失。譬如英雄与美人，是充满了浪漫情绪的题材，萧伯纳在他的《英雄与美人》中间，尽量开玩笑。英雄吃可可糖，贪生怕死。美人装模作样，到处骗人，结果令人不能忍受。不过萧伯纳还是成功，因为他写的是喜剧不是悲剧。假如他写的是悲剧，也用同样作风，那就大糟而特糟了。

世界上无论什么严肃的事情，高尚的人格，道德的行为，假如你愿意，都可以拿来开玩笑。英国人有一句话，说：在我们思想的时候，人生就是喜剧，在我们感觉的时候，人生就是悲剧，悲剧是要人感觉的，所以作家在语言方面，要绘声绘影，直接用感情去打动观众，不能用理智去说服观众。一个人有情感的时候，他不能清楚地思想，尤其是在内心遇着激烈冲突的时候，徘徊起伏，无所适从，因为他的心境是紊乱的，他的语言也是不能分析的。

悲剧的语言，不能太简单，太简单就不能引

◆ 萧伯纳（1856—1950）：爱尔兰剧作家、小说家。曾获诺贝尔文学奖。主要剧作有《鳏夫的房产》《人与超人》《巴巴拉少校》《伤心之家》《圣女贞德》等。

◆《英雄与美人》：今译作《武器与人》。

起人深沉复杂的感觉，错综纷拿的印象。悲剧的语言是诗歌，喜剧的语言是散文，诗歌写情，散文说理。写情要直接，说理要间接。固然，诗歌也有简单的，但是这是当事人处在简单的局面。在悲剧里边，局面多半不简单，因为悲剧有内心冲突，有了内心冲突，局面很难简单，所以语言也很难简单。

在另外一方面，喜剧和悲剧，完全不同。悲剧是要人哭的，喜剧是要人笑的，悲剧是情感的，喜剧是理智的，悲剧是复杂的，喜剧是简单的，悲剧是动摇社会标准的，喜剧是维持社会标准的。因为根本不同，语言的性质也不一样。

人类是世界上唯一能笑的动物。一个人发笑，他必定先发现可笑的对象。什么样的对象才可笑呢？就是不合比例的对象。世界上万事万物，都有一定的比例，人类在一个社会一个时代一个环境，已经习惯，假如有一个例外，我们就要笑，笑是笑它不合我们习惯的标准。一个大胖子，一顶小帽子，一件长衣服，行路绊一交，说话说错，对人失礼，小事情生大气，紧急的时候安闲，诸如此类千万样事情，都是不合比例的，所以我们笑他。

在笑的时候，我们的脑筋一定要清楚，不清楚就不能发现不合比例的地方。笑最怕的是情感，因为情感蒙蔽理智，理智不能活动，笑就无由发生。在街上忽然看见一个驼背的人，我们笑他，但是一想到他可怜，我们就不能笑了。喜剧家头脑是冷静的，同时他处处留心，不让观众发生情感作用，因为情感一进戏场，喜剧就从窗户飞去。

◆交：根据上下文，应为"跤"。

所以喜剧的语言，必须要明亮，因为理智只有明亮的语言中间才能活动。它尤其是要简单，因为简单才能说理。它多少要维持社会上一个标准，因为没有标准，就不能找出不合比例。

喜剧的语言，最成功的就是有机智。什么是机智呢？就是在两种看起来似乎没有关系的事物中间，忽然发现一种不合比例的关系出来。除非脑筋极清楚的人，绝对没有法子办到。英国的戏剧家萧伯纳，人是聪明的，样子是丑陋的。有一次他接着一位极漂亮的电影明星写的信，里面说：假如我们两个人结婚，生下来的孩子，有你的脑子，我的面貌，不是顶好的吗？萧伯纳回信说：你的意思，固然是很理想；但是假如生下来的孩子，有我的面貌，你的脑子，那岂不糟糕吗？

这种出人意外的机智，不但令观众发笑，而且令他们感觉剧作家语言的聪明、巧妙，因此对戏剧发生浓厚的兴趣。这全凭作者一时的灵机，把极平常的语言，一翻手就点铁成金。喜剧里边，没有机智，都是平铺直叙，喜剧的空气，不容易造成。最好的喜剧，必须要机趣横生，一波未平，二波又起，转折的地方，都是别人想象不到。作者在执笔的时候，假如没有奇险的语句，宁肯暂时停笔，不要勉强凑合，敷衍成篇。

◆ "喜剧……出来"：意大利剧作家哥尔多尼的喜剧《一仆二主》中，仆人特鲁法金诺同时为两个主人服务，自认机智而勇敢，试图左右逢源，保住"一仆二主"的秘密，但常常因为粗心大意让自己几乎暴露。

◆ "喜剧……不到"：《一仆二主》中，有很多富有喜剧效果的滑稽对白、独白、旁白等，同时设置大量出人意料的巧合、误会等，让人物的喜剧性格在喜剧情境中得到充分彰显。

三

戏剧的语言，最忌讳长篇大论。通常一位善

于社交的人，自己总不喜欢一直讲下去，他总想办法，让别人有发言的机会。戏台上更怕一个人占据很久的时间。聪明的导演，遇着这样的地方，或者是删节，或者加上许多动作，但是始终没有简短的对话，容易处理。同时演员在台上，不但吃力，而且吃力不讨好。固然在情感高涨的时候，也需要几大段，来让主角有充分表现的机会，所以悲剧的长段，往往比喜剧的多，不过这样长段，如果太多，中间又没有多少作戏的机会，失败是在意料之中的。

同上一个原则相关而来的，就是叙述宜少。叙述往往非长段不行，这已经减少戏剧的趣味。叙述的本身，多半是很少动作。而且叙述常常是抽象的，不是具体的，是回溯过去，不是描写现在，也不是开拓将来。戏剧上需要的是动作，不是言辞，在电影里边，凡是叙述过去，多半用表演的方式，所以没有这种弊病。在舞台上就没有很好的办法了。

戏剧固然离不掉语言，不过剧作家应当极力减少语言。因为语言减少的时候，就是动作加多的时候。戏剧到了紧要的情节，台上尽可静默三五分钟，戏剧的空气还是很浓厚，而且比说话更加浓厚。一个演员面部的表情，比他说话还要深刻得多。聪明的作家，要留意时时给演员表情的机会。机会一多，语言自然就少，戏剧的意味同时也增加了。

戏剧有许多场面，是没有戏的，作者应当赶快放过，但是有一些场面，是有戏的，戏剧家就要

◆ "戏剧……分钟"：北京人民艺术剧院1979年版《茶馆》中，"撒纸钱"情节结束后，秦仲义、常四爷两位老人与老板王利发告别，舞台上只剩下王利发一人沉默站着，回望茶馆。

第五课 论戏剧

尽量发挥，不要潦草滑过。我们常常看见许多剧本，费许多工夫，描写不重要的事情，人物喋喋不休，到了时机成熟，反而无话可说。这是最可惜的事情了。这种地方，舞台经验多的作家，当然要占许多便易，但是常识丰富的作家，也可以事先知道取舍。

最后讲关于舞台指导的问题。因为导演人才不容易得，演员常常不了解剧中人物的个性，有好些戏剧家在剧本上详细地描写布景装置，人物个性，演员动作。然而实际上是多余的。因为假如一位剧作家，在对话中间，不能明显地把这些地方表现出来，使大家一见了然，那么他的戏剧，已经有失败的预兆。观众不一定个个有机会读舞台指导的。人物个性的描写，对话中间，应当可以捉摸，而且较为深刻，说明不过把个性肤浅化而已。演员动作，应当依照他内心的感觉，不应当强以固定的外表形式，不然他会机械化，看起简直是一个木人。布景装置，更不必须，因为物质条件，随时变迁，剧作家不一定是善于舞台装置的人。

这一切的事情，都要在戏剧发言里，给舞台设计，导演，演员，以明说或暗示，不能靠长篇的舞台指导。虽然世界上尽管有伟大的戏剧家这样做，如像萧伯纳就是其中的一个，然而这是一种坏习惯，不可以为训。

（选自《戏剧与人生》）

◆ "虽然……一个"：萧伯纳为了向读者解释自己作品的意义，会写很长的序言、舞台指导等。

延展阅读

茶 馆

节选自老舍《茶馆》

第一幕

时间　1898年（戊戌）初秋，康梁等的维新运动失败了。早半天。

地点　北京，裕泰大茶馆。

人物　王利发，刘麻子，庞太监，唐铁嘴，康六，小牛儿，松二爷，黄胖子，宋恩子，常四爷，秦仲义，吴祥子，李三，老人，康顺子，二德子，乡妇，茶客甲、乙、丙、丁，马五爷，小妞，茶房一二人。

　　幕启：这种大茶馆现在已经不见了。在几十年前，每城都起码有一处。这里卖茶，也卖简单的点心与菜饭。玩鸟的人们，每天在遛够了画眉、黄鸟等之后，要到这里歇歇腿，喝喝茶，并使鸟儿表演歌唱。商议事情的，说媒拉纤的，也到这里来。那年月，时常有打群架的，但是总会有朋友出头给双方调解；三五十口子打手，经调人东说西说，便都喝碗茶，吃碗烂肉面（大茶馆特殊的食品，价钱便宜，做起来快当），就可以化干戈为玉帛了。总之，这是当日非常重要的地方，有事无事都可以来坐半天。

　　在这里，可以听到最荒唐的新闻，如某处的大蜘蛛怎么成了精，受到雷击。奇怪的意见也在这里可以听到，像把海边上都修上大墙，就足以挡住洋兵上岸。这里还可以听到某京戏演员新近创造了什么腔儿，和煎熬鸦片烟的最好的方法。这里也可以看到某人新得到的奇珍——一个出土的玉扇坠儿，或三彩的鼻烟壶。这真是个重要的地方，简直可以算作文化交流的所在。

我们现在就要看见这样的一座茶馆。

一进门是柜台与炉灶——为省点事，我们的舞台上可以不要炉灶；后面有些锅勺的响声也就够了。屋子非常高大，摆着长桌与方桌，长凳与小凳，都是茶座儿。隔窗可见后院，高搭着凉棚，棚下也有茶座儿。屋里和凉棚下都有挂鸟笼的地方。各处都贴着"莫谈国事"的纸条。

有两位茶客，不知姓名，正眯着眼，摇着头，拍板低唱。有两三位茶客，也不知姓名，正入神地欣赏瓦罐里的蟋蟀。两位穿灰色大衫的——宋恩子与吴祥子，正低声地谈话，看样子他们是北衙门的办案的（侦缉）。

今天又有一起打群架的，据说是为了争一只家鸽，惹起非用武力解决不可的纠纷。假若真打起来，非出人命不可，因为被约的打手中包括着善扑营的哥儿们和库兵，身手都十分厉害。好在，不能真打起来，因为在双方还没把打手约齐，已有人出面调停了——现在双方在这里会面。三三两两的打手，都横眉立目，短打扮，随时进来，往后院去。

马五爷在不惹人注意的角落，独自坐着喝茶。

王利发高高地坐在柜台里。

唐铁嘴踏拉着鞋，身穿一件极长极脏的大布衫，耳上夹着几张小纸片，进来。

王利发　唐先生，你外边蹓蹓吧！
唐铁嘴　（惨笑）王掌柜，捧捧唐铁嘴吧！送给我碗茶喝，我就先给您相相面吧！手相奉送，不取分文！（不容分说，拉过王利发的手来）今年是光绪二十四年，戊戌。您贵庚是……

王利发　（夺回手去）算了吧，我送给你一碗茶喝，你就甭卖那套生意口啦！用不着相面，咱们既在江湖内，都是苦命人！（由柜台内走出，让唐铁嘴坐下）坐下！我告诉你，你要是不戒了大烟，就永远交不了好运！这是我的相法，比你的更灵验！

松二爷和常四爷都提着鸟笼进来，王利发向他们打招呼。他们先把鸟笼子挂好，找地方坐下。松二爷文绉绉的，提着小黄鸟笼；常四爷雄赳赳的，提着大而高的画眉笼。茶房李三赶紧过来，沏上盖碗茶。他们自带茶叶。茶沏好，松二爷、常四爷向邻近的茶座让了让。

松二爷　您喝这个！（然后，往后院看了看）
常四爷
松二爷　好像又有事儿？
常四爷　反正打不起来！要真打的话，早到城外头去啦；到茶馆来干吗？

二德子，一位打手，恰好进来，听见了常四爷的话。

二德子　（凑过去）你这是对谁甩闲话呢？
常四爷　（不肯示弱）你问我哪？花钱喝茶，难道还教谁管着吗？
松二爷　（打量了二德子一番）我说这位爷，您是营里当差的吧？来，坐下喝一碗，我们也都是外场人。
二德子　你管我当差不当差呢！
常四爷　要抖威风，跟洋人干去，洋人厉害！英法联军烧了圆明园，尊家吃着官饷，可没见您去冲锋打仗！
二德子　甭说打洋人不打，我先管教管教你！（要动手）

别的茶客依旧进行他们自己的事。王利发急忙跑过来。

王利发　哥儿们，都是街面上的朋友，有话好说。德爷，您后边坐！

二德子不听王利发的话，一下子把一个盖碗搂下桌去，摔碎。翻手要抓常四爷的脖领。

常四爷　（闪过）你要怎么着？

二德子　怎么着？我碰不了洋人，还碰不了你吗？

马五爷　（并未立起）二德子，你威风啊！

二德子　（四下扫视，看到马五爷）喝，马五爷，您在这儿哪？我可眼拙，没看见您！（过去请安）

马五爷　有什么事好好地说，干吗动不动地就讲打？

二德子　嗻！您说得对！我到后头坐坐去。李三，这儿的茶钱我候啦！（往后面走去）

常四爷　（凑过来，要对马五爷发牢骚）这位爷，您圣明，您给评评理！

马五爷　（立起来）我还有事，再见！（走出去）

常四爷　（对王利发）邪！这倒是个怪人！

王利发　您不知道这是马五爷呀？怪不得您也得罪了他！

常四爷　我也得罪了他？我今天出门没挑好日子！

王利发　（低声地）刚才您说洋人怎样，他就是吃洋饭的。信洋教，说洋话，有事情可以一直地找宛平县的县太爷去，要不怎么连官面上都不惹他呢！

常四爷　（往原处走）哼，我就不佩服吃洋饭的！

王利发　（向宋恩子、吴祥子那边稍一歪头，低声地）说话请留点神！（大声地）李三，再给这儿沏一碗来！（拾起地上的碎瓷片）

松二爷　盖碗多少钱？我赔！外场人不做老娘们事！

王利发　不忙，待会儿再算吧！（走开）
　　　　纤手刘麻子领着康六进来。刘麻子先向松二爷、常四爷打招呼。
刘麻子　您二位真早班儿！（掏出鼻烟壶，倒烟）您试试这个！刚装来的，地道英国造，又细又纯！
常四爷　唉！连鼻烟也得从外洋来！这得往外流多少银子啊！
刘麻子　咱们大清国有的是金山银山，永远花不完！您坐着，我办点小事！（领康六找了个座儿）
　　　　李三拿过一碗茶来。
刘麻子　说说吧，十两银子行不行？你说干脆的！我忙，没工夫专伺候你！
康　六　刘爷！十五岁的大姑娘，就值十两银子吗？
刘麻子　卖到窑子去，也许多拿一两八钱的，可是你又不肯！
康　六　那是我的亲女儿！我能够……
刘麻子　有女儿，你可养活不起，这怪谁呢？
康　六　那不是因为乡下种地的都没法子混了吗？一家大小要是一天能吃上一顿粥，我要还想卖女儿，我就不是人！
刘麻子　那是你们乡下的事，我管不着。我受你之托，教你不吃亏，又教你女儿有个吃饱饭的地方，这还不好吗？
康　六　到底给谁呢？
刘麻子　我一说，你必定从心眼里乐意！一位在宫里当差的！
康　六　宫里当差的谁要个乡下丫头呢？
刘麻子　那不是你女儿的命好吗？
康　六　谁呢？
刘麻子　庞总管！你也听说过庞总管吧？侍候着太后，红得不得了，连家里打醋的瓶子都是玛瑙做的！

第五课　论戏剧

康　六　　刘大爷，把女儿给太监做老婆，我怎么对得起人呢？
刘麻子　　卖女儿，无论怎么卖，也对不起女儿！你糊涂！你看，姑娘一过门，吃的是珍馐美味，穿的是绫罗绸缎，这不是造化吗？怎样，摇头不算点头算，来个干脆的！
康　六　　自古以来，哪有……他就给十两银子？
刘麻子　　找遍了你们全村儿，找得出十两银子找不出？在乡下，五斤白面就换个孩子，你不是不知道！
康　六　　我，唉！我得跟姑娘商量一下！
刘麻子　　告诉你，过了这个村可没有这个店，耽误了事别怨我！快去快来！
康　六　　唉！我一会儿就回来！
刘麻子　　我在这儿等着你！
　　　　　康六慢慢地走出去。
刘麻子　　（凑到松二爷、常四爷这边来）乡下人真难办事，永远没有个痛痛快快！
松二爷　　这号生意又不小吧？
刘麻子　　也甜不到哪儿去，弄好了，赚个元宝！
常四爷　　乡下是怎么了？会弄得这么卖儿卖女的！
刘麻子　　谁知道！要不怎么说，就是一条狗也得托生在北京城里嘛！
常四爷　　刘爷，您可真有个狠劲儿，给拉拢这路事！
刘麻子　　我要不分心，他们还许找不到买主呢！（忙岔话）松二爷，（掏出个小时表来）您看这个！
松二爷　　（接表）好体面的小表！
刘麻子　　您听听，嘎噔嘎噔地响！
松二爷　　（听）这得多少钱？

刘麻子　您爱吗？就让给您！一句话，五两银子！您玩够了，不爱再要了，我还照数退钱！东西真地道，传家的玩意儿！

常四爷　我这儿正咂摸这个味儿：咱们一个人身上有多少洋玩意儿啊！老刘，就看你身上吧：洋鼻烟，洋表，洋缎大衫，洋布裤褂……

刘麻子　洋东西可是真漂亮呢！我要是穿一身土布，像个乡下脑壳，谁还理我呀！

常四爷　我老觉乎着咱们的大缎子，川绸，更体面！

刘麻子　松二爷，留下这个表吧，这年月，戴着这么好的洋表，会教人另眼看待！是不是这么说，您哪？

松二爷　（真爱表，但又嫌贵）我……

刘麻子　您先戴两天，改日再给钱！

　　　　黄胖子进来。

黄胖子　（严重的沙眼，看不清楚，进门就请安）哥儿们，都瞧我啦！我请安了！都是自己弟兄，别伤了和气呀！

王利发　这不是他们，他们在后院哪！

黄胖子　我看不大清楚啊！掌柜的，预备烂肉面。有我黄胖子，谁也打不起来！（往里走）

二德子　（出来迎接）两边已经见了面，您快来吧！

　　　　二德子同黄胖子入内。

　　　　茶房们一趟又一趟地往后面送茶水。老人进来，拿着些牙签、胡梳、耳挖勺之类的小东西，低着头慢慢地挨着茶座儿走；没人买他的东西。他要往后院去，被李三截住。

李　三　老大爷，您外边蹓蹓吧！后院里，人家正说和事呢，没人买您的东西！（顺手儿把剩茶递给老人一碗）

第五课　论戏剧

松二爷　（低声地）李三！（指后院）他们到底为了什么事，要这么拿刀动杖的？

李　三　（低声地）听说是为一只鸽子。张宅的鸽子飞到了李宅去，李宅不肯交还……唉，咱们还是少说话好，（问老人）老大爷您高寿啦？

老　人　（喝了茶）多谢！八十二了，没人管！这年月呀，人还不如一只鸽子呢！唉！（慢慢走出去）

　　　　秦仲义，穿得很讲究，满面春风，走进来。

王利发　哎哟！秦二爷，您怎么这样闲在，会想起下茶馆来了？也没带个底下人？

秦仲义　来看看，看看你这年轻小伙子会做生意不会！

王利发　唉，一边做一边学吧，指着这个吃饭嘛。谁叫我爸爸死得早，我不干不行啊！好在照顾主儿都是我父亲的老朋友，我有不周到的地方，都肯包涵，闭闭眼就过去了。在街面上混饭吃，人缘儿顶要紧。我按着我父亲遗留下的老办法，多说好话，多请安，讨人人的喜欢，就不会出大岔子！您坐下，我给您沏碗小叶茶去！

秦仲义　我不喝！也不坐着！

王利发　坐一坐！有您在我这儿坐坐，我脸上有光！

秦仲义　也好吧！（坐）可是，用不着奉承我！

王利发　李三，沏一碗高的来！二爷，府上都好？您的事情都顺心吧？

秦仲义　不怎么太好！

王利发　您怕什么呢？那么多的买卖，您的小手指头都比我的腰还粗！

唐铁嘴　（凑过来）这位爷好相貌，真是天庭饱满，地阁方

　　　　　圆，虽无宰相之权，而有陶朱之富！
秦仲义　躲开我！去！
王利发　先生，你喝够了茶，该外边活动活动去！（把唐铁嘴轻轻推开）
唐铁嘴　唉！（垂头走出去）
秦仲义　小王，这儿的房租是不是得往上提那么一提呢？当年你爸爸给我的那点租钱，还不够我喝茶用的呢！
王利发　二爷，您说得对，太对了！可是，这点小事用不着您分心，您派管事的来一趟，我跟他商量，该长多少租钱，我一定照办！是！嗻！
秦仲义　你这小子，比你爸爸还滑！哼，等着吧，早晚我把房子收回去！
王利发　您甭吓唬着我玩，我知道您多么照应我，心疼我，决不会叫我挑着大茶壶，到街上卖热茶去！
秦仲义　你等着瞧吧！
　　　　　乡妇拉着个十来岁的小妞进来。小妞的头上插着一根草标。李三本想不许她们往前走，可是心中一难过，没管。她们俩慢慢地往里走。茶客们忽然都停止说笑，看着她们。
小　妞　（走到屋子中间，立住）妈，我饿！我饿！
　　　　　乡妇呆视着小妞，忽然腿一软，坐在地上，掩面低泣。
秦仲义　（对王利发）轰出去！
王利发　是！出去吧，这里坐不住！
乡　妇　哪位行行好？要这个孩子，二两银子！
常四爷　李三，要两个烂肉面，带她们到门外吃去！
李　三　是啦！（过去对乡妇）起来，门口等着去，我给你们

第五课　论戏剧

　　　　　　端面来！
乡　妇　（立起，抹泪往外走，好像忘了孩子；走了两步，又转回身来，搂住小妞吻她）宝贝！宝贝！
王利发　快着点吧！
　　　　　　乡妇、小妞走出去。李三随后端出两碗面去。
王利发　（过来）常四爷，您是积德行好，赏给她们面吃！可是，我告诉您：这路事儿太多了，太多了！谁也管不了！（对秦仲义）二爷，您看我说的对不对？
常四爷　（对松二爷）二爷，我看哪，大清国要完！
秦仲义　（老气横秋地）完不完，并不在乎有人给穷人们一碗面吃没有。小王，说真的，我真想收回这里的房子！
王利发　您别那么办哪，二爷！
秦仲义　我不但收回房子，而且把乡下的地，城里的买卖也都卖了！
王利发　那为什么呢？
秦仲义　把本钱拢在一块儿，开工厂！
王利发　开工厂？
秦仲义　嗯，顶大顶大的工厂！那才救得了穷人，那才能抵制外货，那才能救国！（对王利发说而眼看着常四爷）唉，我跟你说这些干什么，你不懂！
王利发　您就专为别人，把财产都出手，不顾自己了吗？
秦仲义　你不懂！只有那么办，国家才能富强！好啦，我该走啦。我亲眼看见了，你的生意不错，你甭再耍无赖，不长房钱！
王利发　您等等，我给您叫车去！
秦仲义　用不着，我愿意溜达溜达！
　　　　　　秦仲义往外走，王利发送。

　　　　　　小牛儿搀着庞太监走进来。小牛儿提着水烟袋。
庞太监　哟！秦二爷！
秦仲义　庞老爷！这两天您心里安顿了吧？
庞太监　那还用说吗？天下太平了：圣旨下来，谭嗣同问斩！告诉您，谁敢改祖宗的章程，谁就掉脑袋！
秦仲义　我早就知道！
　　　　　　茶客们忽然全静寂起来，几乎是闭住呼吸地听着。
庞太监　您聪明，二爷，要不然您怎么发财呢！
秦仲义　我那点财产，不值一提！
庞太监　太客气了吧？您看，全北京城谁不知道秦二爷！您比做官的还厉害呢！听说呀，好些财主都讲维新！
秦仲义　不能这么说，我那点威风在您的面前可就施展不出来了！哈哈哈！
庞太监　说得好，咱们就八仙过海，各显其能吧！哈哈哈！
秦仲义　改天过去给您请安，再见！（下）
庞太监　（自言自语）哼，凭这么个小财主也敢跟我逗嘴皮子，年头真是改了！（问王利发）刘麻子在这儿哪？
王利发　总管，您里边歇着吧！
　　　　　　刘麻子早已看见庞太监，但不敢靠近，怕打搅了庞太监、秦仲义的谈话。
刘麻子　呵，我的老爷子！您吉祥！我等了您好大半天了！（搀庞太监往里面走）
　　　　　　宋恩子、吴祥子过来请安，庞太监对他们耳语。
　　　　　　众茶客静默了一阵之后，开始议论纷纷。
茶客甲　谭嗣同是谁？
茶客乙　好像听说过！反正犯了大罪，要不，怎么会问斩呀！
茶客丙　这两三个月了，有些做官的，念书的，乱折腾乱闹，

第五课　论戏剧

　　　　　咱们怎能知道他们搞的什么鬼呀！
茶客丁　得！不管怎么说，我的铁杆庄稼又保住了！姓谭的，还有那个康有为，不是说叫旗兵不关钱粮，去自谋生计吗？心眼儿多毒！
茶客丙　一份钱粮倒叫上头克扣去一大半，咱们也不好过！
茶客丁　那总比没有强啊！好死不如赖活着，叫我去自己谋生，非死不可！
王利发　诸位主顾，咱们还是莫谈国事吧！
　　　　　大家安静下来，都又各谈各的事。
庞太监　（已坐下）怎么说？一个乡下丫头，要二百银子？
刘麻子　（侍立）乡下人，可长得俊呀！带进城来，好好地一打扮、调教，准保是又好看，又有规矩！我给您办事，比给我亲爸爸做事都更尽心，一丝一毫不能马虎！
　　　　　唐铁嘴又回来了。
王利发　铁嘴，你怎么又回来了？
唐铁嘴　街上兵荒马乱的，不知道是怎么回事！
庞太监　还能不搜查搜查谭嗣同的余党吗？唐铁嘴，你放心，没人抓你！
唐铁嘴　嗻，总管，您要能赏给我几个烟泡儿，我可就更有出息了！
　　　　　有几个茶客好像预感到什么灾祸，一个个往外溜。
松二爷　咱们也该走了吧！天不早啦！
常四爷　嗻！走吧！
　　　　　二灰衣人——宋恩子和吴祥子走过来。
宋恩子　等等！
常四爷　怎么啦？

宋恩子　刚才你说"大清国要完"？
常四爷　我，我爱大清国，怕它完了！
吴祥子　（对松二爷）你听见了？他是这么说的吗？
松二爷　哥儿们，我们天天在这儿喝茶。王掌柜知道：我们都是地道老好人！
吴祥子　问你听见了没有？
松二爷　那，有话好说，二位请坐！
宋恩子　你不说，连你也锁了走！他说"大清国要完"，就是跟谭嗣同一党！
松二爷　我，我听见了，他是说……
宋恩子　（对常四爷）走！
常四爷　上哪儿？事情要交代明白了啊！
宋恩子　你还想拒捕吗？我这儿可带着"王法"呢！（掏出腰中带着的铁链子）
常四爷　告诉你们，我可是旗人！
吴祥子　旗人当汉奸，罪加一等！锁上他！
常四爷　甭锁，我跑不了！
宋恩子　量你也跑不了！（对松二爷）你也走一趟，到堂上实话实说，没你的事！
　　　　黄胖子同三五个人由后院过来。
黄胖子　得啦，一天云雾散，算我没白跑腿！
松二爷　黄爷！黄爷！
黄胖子　（揉揉眼）谁呀？
松二爷　我！松二！您过来，给说句好话！
黄胖子　（看清）哟，宋爷，吴爷，二位爷办案哪？请吧！
松二爷　黄爷，帮帮忙，给美言两句！
黄胖子　官厅儿管不了的事，我管！官厅儿能管的事呀，我不便多嘴！（问大家）是不是？
众　　　　嗻！对！
　　　　　宋恩子、吴祥子带着常四爷、松二爷往外走。
松二爷　　（对王利发）看着点我们的鸟笼子！
王利发　　您放心，我给送到家里去！
　　　　　常四爷、松二爷、宋恩子、吴祥子同下。
黄胖子　　（唐铁嘴告以庞太监在此）哟，老爷在这儿哪？听说要安份儿家，我先给您道喜！
庞太监　　等吃喜酒吧！
黄胖子　　您赏脸！您赏脸！（下）
　　　　　乡妇端着空碗进来，往柜上放。小妞跟进来。
小　妞　　妈！我还饿！
王利发　　唉！出去吧！
乡　妇　　走吧，乖！
小　妞　　不卖妞妞啦？妈！不卖啦？妈！
乡　妇　　乖！（哭着，携小妞下）
　　　　　康六带着康顺子进来，立在柜台前。
康　六　　姑娘！顺子！爸爸不是人，是畜生！可你叫我怎办呢？你不找个吃饭的地方，你饿死！我不弄到手几两银子，就得叫东家活活地打死！你呀，顺子，认命吧，积德吧！
康顺子　　我，我……（说不出话来）
刘麻子　　（跑过来）你们回来啦？点头啦？好！来见见总管！给总管磕头！
康顺子　　我……（要晕倒）
康　六　　（扶住女儿）顺子！顺子！
刘麻子　　怎么啦？

康　六　又饿又气，昏过去了！顺子！顺子！
庞太监　我要活的，可不要死的！
　　　　静场。
茶客甲　（正与乙下象棋）将！你完啦！

　　　　　　　　　　　　　　　　　　　　——幕落